CEO权力对企业财务决策的影响研究

李小玉 著

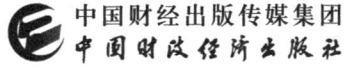

中国财政经济出版社

图书在版编目（CIP）数据

CEO权力对企业财务决策的影响研究 / 李小玉著. --北京：中国财政经济出版社，2023.8

ISBN 978-7-5223-2436-4

Ⅰ.①C… Ⅱ.①李… Ⅲ.①企业管理—财务管理—研究 Ⅳ.①F275

中国国家版本馆CIP数据核字（2023）第156945号

责任编辑：张晓丽　　　　　　　　责任印制：刘春年
封面设计：孙俪铭　　　　　　　　责任校对：徐艳丽

CEO权力对企业财务决策的影响研究
CEO QUANLI DUI QIYE CAIWU JUECE DE YINGXIANG YANJIU

中国财政经济出版社 出版

URL: http://www.cfeph.cn
E-mail: cfeph@cfeph.cn

（版权所有　翻印必究）

社址：北京市海淀区阜成路甲28号　邮政编码：100142
营销中心电话：010-88191522
天猫网店：中国财政经济出版社旗舰店
网址：https://zgczjjcbs.tmall.com
北京财经印刷厂印刷　各地新华书店经销
成品尺寸：170mm×240mm　16开　10.75印张　161 000字
2023年9月第1版　2023年9月北京第1次印刷
定价：78.00元
ISBN 978-7-5223-2436-4
（图书出现印装问题，本社负责调换，电话：010-88190548）
本社图书质量投诉电话：010-88190744
打击盗版举报热线：010-88191661　　QQ：2242791300

前言
PREFACE

随着内外部环境的复杂化与动态化，企业面临日益激烈的生存挑战。为应对环境威胁，保障自身的可持续发展，企业越来越关注自身的财务安排情况以避免导致财务危机。财务战略决策，作为企业整体决策的重要组成部分，并非仅局限于"战术"或"策略"层面，而是关系到企业全局、长远发展的重要战略决策。随着资本市场的不断完善和发展，财务和金融的重要性凸显，CEO为领导企业应对内外部环境的迅速变化，也需要相应的财务、金融知识来保证企业制定了合理的财务决策以避免企业陷入财务困境或者帮助企业从财务方面获取竞争优势。现有研究大多从CEO的人口统计学特征和心理学特征的视角探究其对企业财务决策的影响，而忽略了权力在CEO实现财务决策意愿、引导企业财务计划实现中的重要作用。

实际上，企业财务决策的制定过程也是企业内部各方利益博弈与平衡的过程，董事会、高管成员、债权人等利益相关者都会根据各自的利益与价值观进行"谈判"，投资者也会根据能够得到的财务决策信息进行投资决策。因此，无论是企业内部成员间的合作动力还是利益相关者之间的利益博弈，都会受到成员之间相对权力大小的影响。而CEO作为企业内部核心决策的主要制定者和引导者，其权力的大小会直接影响其与企业内部其他利益相关方博弈的结果。因此，有必要进一步探究CEO权力对企业财务决策的影响机理以及这种影响的情境机制。

基于以上研究背景，本书基于代理理论、权力的趋近理论以及信号理论，系统地分析了两大问题：（1）CEO权力影响企业财务决策的三个方面主要内容——债务融资决策、投资行为以及股利分配政策的理论逻辑和内在机理；

（2）限定的企业内外部环境情境对CEO权力与财务决策之间关系的影响。

以2007—2015年沪、深两市A股上市公司的相关数据作为研究样本，本书分析了CEO权力影响企业财务决策的三个方面主要内容——债务融资决策、投资行为以及股利分配政策的内在机理，构建了CEO权力影响企业财务决策的整合模型，在此基础上实证检验并分析了CEO权力对企业财务决策的影响。此外，本书还进一步分析并检验了企业内外部环境要素——企业业绩压力和外部行业环境不确定性对CEO权力与企业财务决策之间关系的影响。主要研究结论如下：第一，CEO权力的提高会降低企业的债务融资水平；第二，CEO权力的提升会提升企业过度投资倾向；第三，CEO权力的提升会提高企业的现金股利分配倾向和水平；第四，企业内外部环境对CEO权力与企业资产负债率之间的关系具有显著影响。具体表现为企业内部上期绩效越好，即企业面临的内部业绩压力越小，越会削弱CEO权力对资产负债率的负向影响；而企业外部环境不确定性越高，则越会强化CEO权力对资产负债率的负向影响。

本书的研究创新主要有：第一，从能力视角考察了CEO权力对企业财务决策的影响，完善了企业财务决策驱动因素研究中"动机—能力—行为"逻辑链条中的能力环节，深化和补充了现有CEO特征与企业财务决策的关系研究；第二，从企业面临的内外部环境的角度设定了企业财务决策的限定情境，弥补了已有企业财务决策影响因素研究情境的缺失，深化了权变视角下的企业财务决策影响因素研究；第三，在公司治理框架下构建了CEO权力的三维度模型，弥补了现有研究中CEO权力构成和度量的特定情境和关系的缺失，为企业科学地认知和构建CEO权力结构提供了理论支持。

本书得到了中国民航大学经济与管理学院的大力支持，并得到天津市哲学社会科学规划一般项目"实体企业金融化动机、路径及影响研究：基本框架构建"（TJGL20-001）的支持。在此表示诚挚的感谢！同时对参阅的国内外论文、著作等相关文献的作者致谢！

目录

第一章 绪 论 / 1

第一节 问题的提出 / 3
第二节 研究内容与研究框架 / 10
第三节 研究方法与创新点 / 15

第二章 文献综述 / 19

第一节 企业财务决策相关文献综述 / 21
第二节 CEO权力相关文献综述 / 29
第三节 CEO特征与能力视角下的企业财务决策研究相关文献综述 / 37
第四节 环境与组织关系研究的相关文献综述 / 45

第三章 CEO权力对企业财务决策的影响机理分析 / 49

第一节 公司治理框架下的CEO权力 / 51
第二节 CEO权力对企业财务决策的影响机理分析 / 56

第三节　内外部环境对CEO权力与企业财务决策之间关系的影响机理分析 / 61

第四节　本章小结 / 63

第四章　研究假设与研究设计 / 67

第一节　CEO权力对企业财务决策影响的相关假设 / 69

第二节　内外部环境对CEO权力与企业财务决策关系影响的相关假设 / 71

第三节　研究设计 / 76

第四节　本章小结 / 87

第五章　实证检验结果分析 / 89

第一节　CEO权力对企业财务决策影响的实证结果分析 / 91

第二节　企业内外部环境对CEO权力与企业财务决策关系影响的实证结果分析 / 118

第三节　本章小结 / 128

第六章　研究结论及展望 / 131

第一节　研究结论与启示 / 133

第二节　研究不足与未来展望 / 138

参考文献 / 140

后记 / 160

表 目 录

表4.1　模型（4.1）中的变量定义 / 79

表4.2　CEO权力构成指标的变量定义 / 80

表4.3　变量说明 / 82

表5.1　变量描述性统计 / 92

表5.2　根据控股股东性质划分的资产负债率和长期负债比率的描述性统计 / 92

表5.3　主要变量相关系数 / 94

表5.4　资产负债率和长期负债比率的均值差异比较 / 95

表5.5　CEO权力与债务融资决策关系的回归结果 / 96

表5.6　基于不同控股股东性质的分析结果 / 98

表5.7　CEO权力的行业平均值作为工具变量的回归结果 / 99

表5.8　因变量滞后一期的回归结果 / 100

表5.9　变量描述性统计 / 102

表5.10　根据控股股东性质划分的投资决策和投资过度程度的描述性统计 / 103

表5.11　主要变量相关系数 / 103

表5.12　过度投资倾向和过度投资程度的均值差异比较 / 104

表5.13　CEO权力与投资决策关系的回归结果 / 105

表5.14　基于上期绩效和环境不确定性分组的CEO权力与企业过度投资倾向关系的回归结果 / 107

表5.15　基于不同过度投资倾向度量方法的CEO权力与过度投资倾向关系的回归结果 / 109

表5.16 变量描述性统计 / 110

表5.17 根据股权性质划分的现金股利分配倾向和股利分配率的描述性统计 / 111

表5.18 主要变量相关系数 / 112

表5.19 股利分配倾向和股利分配率的均值差异比较 / 113

表5.20 CEO权力与股利分配决策关系的回归结果 / 114

表5.21 根据控股股东性质分组的CEO权力与股利分配决策关系的回归结果 / 116

表5.22 因变量滞后一期的回归结果 / 117

表5.23 上期绩效和外部行业不确定性对CEO权力与债务融资决策关系的调节效应回归结果 / 120

表5.24 国有企业上期绩效和外部行业不确定性对CEO权力与债务融资决策关系的调节效应回归结果 / 122

表5.25 上期绩效和外部行业不确定性对CEO权力与投资行为关系的调节效应回归结果 / 124

表5.26 企业上期绩效和外部行业不确定性对CEO权力与股利分配政策关系的调节效应回归结果 / 127

图 目 录

图1.1　研究框架 / 14

图2.1　CEO特征与能力视角下的企业资本结构决策研究 / 39

图2.2　CEO特征与能力视角下的企业投资行为决策研究 / 42

图2.3　CEO特征与能力视角下的企业股利分配政策研究 / 44

图3.1　CEO权力的三维度模型 / 56

图3.2　CEO权力对企业债务融资决策的影响机理 / 57

图3.3　CEO权力对企业投资行为的影响机理 / 58

图3.4　CEO权力对股利分配政策的影响机理 / 59

图3.5　CEO权力影响企业财务决策的整合模型 / 60

01 第一章

绪 论

第一节　问题的提出

一、研究背景

（一）现实背景

随着内外部环境的复杂化与动态化日益增长，企业面临日益激烈的生存挑战（Ven 和 Poole，1995），为应对环境威胁、不断加剧的市场竞争以及日益扩大的企业规模，保障自身的可持续发展，企业越来越关注自身的财务安排情况以避免导致财务危机。财务战略，作为企业整体战略的重要组成部分，并非仅局限于"战术"或"策略"层面，而是关系到企业全局、长远发展的重要战略决策（阎达五和陆正飞，2000）。实际上，美国的CEO背景出现转换的趋势很明显，最早的CEO出自于制造业，因为美国曾经偏重于依赖制造业。如果当时的CEO不懂制造业，那么他就不是一名合格的CEO。后来美国生产过剩，市场的重要性凸显出来，于是，CEO需要有相应的市场背景。现在，随着资本市场的不断完善和发展，财务和金融的重要性凸显，CEO为领导企业应对内外部环境的迅速变化，也需要相应的财务、金融知识来保证企业制定了合理的财务决策以避免企业陷入财务困境或者帮助企业从财务方面获取竞争优势。近些年来，越来越多的公司倾向于聘任具有财务任职经历的高管担任CEO（姜付秀和黄继承，2013）。Durfee（2005）统计结果表明，《财富》发布的100强公司的CEO有CFO经历的比重在过去的10年间从12%上升到20%。就中国上市公司而言，具有财务经历或背景的CEO比例也呈现逐年上升后趋于稳定的态势：从1995年的0.9%上升至2002年的5.71%，2003—2007年均保持在5%以上，2008—2012年均达到了8%以上，而2013—2015年则均超过9%。以上数据表明，越来越多的CEO具有财务经历或背景，由于CEO的背景特征会对企业财务决策产生影响，所以越来越多的公司聘任具有财务经历的CEO来保证其帮助企业制定合理的财务决策。

CEO作为企业高管团队的领导者，对企业核心财务决策的制定和执行具有重要影响（Calori et al.，1994），其权力的大小更会直接影响其与企业内部其他利益相关方博弈的结果。实际上，国内外资本市场中的确存在着很多强权CEO，如通用电气集团的杰克·韦尔奇、苹果公司的史蒂夫·乔布斯、通用汽车的弗里茨·亨德森、巨人集团的史玉柱、德隆系的唐万新等，他们都在公司拥有强大的控制力，也都以各自鲜明的个性特征对企业经营的发展方向产生了重大影响。在这些强权CEO的领导下，不仅有多元化经营、产业创新的成功决策案例，也有很多过度融资、盲目投资、迅速扩张的失败经营教训。从中不难看出，管理者手中的权力是将个人决策偏好上升为公司财务决策的重要手段，从而影响企业运营和企业价值。

TCL科技集团股份有限公司是全球化的智能产品制造及互联网应用服务企业集团，整体在深交所上市（SZ.000100），旗下另拥有四家上市公司：TCL多媒体电子、通力电子、TCL显示科技、翰林汇。公司创立于1981年，前身为中国首批13家合资企业之一——TTK家庭电器（惠州）有限公司，从事录音磁带的生产制造，后来拓展到电话、电视、手机、冰箱、洗衣机、空调、小家电、液晶面板等领域。集团现有7万名员工，26个研发中心，10余家联合实验室，22个制造加工基地，在80多个国家和地区设有销售机构，业务遍及全球160多个国家和地区。集团CEO李东生自1996年底首次出任TCL集团公司董事长兼总裁，凭借在TCL的良好业绩表现，被评为《时代周刊》、CNN"25名最具影响力商业领袖"之一、《财富》杂志封面人物、CCTV中国经济年度人物。他也是中国最有影响力的商界领袖之一，曾带领TCL集团在全球消费电子行业中脱颖而出，开创了中国企业国际化之先河。

TCL集团自2004年合并上市后，公司内部治理情况发生重大变化。首先，公司第一大股东股权集中度逐年下降。2004年惠州市人民政府国有资产监督管理委员会成为TCL集团第一大股东，持有TCL集团25.22%的股权。2015年李东生为TCL集团第一大股东，持有TCL集团7.18%的股权。2004—2015年公司第一大股东持股比例下降了18.04%，成为一家股权十分分散的公司。终极控制人性质也从国有变更为民营。此外，公司董事会的独立董事比例也从2004年的35.29%，2008年最高的40.00%下降至2015年基本"合规"的33.33%。TCL集团的董事会构成和董事会持股比例等重要的公司内部治理要素均有一定程度的变化，而这些公司内外部决策情境的变化，尤其是公司治理要素的变化从不同维度影响了CEO李东生的决策权力及决策情境。随着公司CEO李东生决策权力的变化，TCL集团的债务融资决策、投资行为以及股利分配政策等财务决策均发生了一定程度的变化。如，TCL的资产负债率从2004年的68.61%上升至2006年的79.69%，又波动性下降至2015年的66.33%，此外，公司的长期负债占比、每股现金股利和股利分配率等重要财务指标都发生了一定程度的变化。

纵观TCL集团公司的发展历史，我们发现，随着TCL集团公司内外部环境，尤其是公司内部治理环境发生变化，作为TCL集团公司CEO的李东生的权力也受到了影响，尤其是自2014年起TCL从终极控制人为惠州市人民政府国有资产监督管理委员会的国有企业变成李东生自然人为终极控制人的民营企业后，集团CEO李东生的决策权力发生了根本性变化。伴随其决策权力的变化，TCL的财务决策也发生了变化。基于此，本书思考两个方面的问题：第一，随着李东生作为TCL集团公司CEO的权力的变化，TCL的财务决策也进行了调整，是否是李东生运用手中的决策权力将个人决策偏好上升为了公司财务决策？即公司财务决策的制定是否受到了CEO权力大小的影响？第二，TCL集团公司财务决策作出调整时的企业内外部环境也不尽相同，是否差异化的企业内外部环境会影响CEO运用权力进行财务决策时的发挥？

（二）理论背景

CEO特征和动机与公司财务决策的关系已经受到了部分学者的关注。CEO作为公司主要认知和关注点的调整者，其主要责任是为公司制定战略方向和计划，并要负责对这些计划的实现进行引导（Calori et al., 1994; Gioia和Chittipeddi, 1991）。因此，CEO的个人特征和动机通常被认为对公司核心财务决策的制定和调整具有重要影响。相关研究包括CEO背景、任期、薪酬等人口统计学特征（White, 1996; Bhagat et al., 2011; Minnick和Rosenthal, 2014; 徐磊和王伟龙, 2016; 李培功和肖珉, 2012），过度自信、风险偏好等心理特征（Malmendier和Tate, 2005; Deshmukh et al., 2013; Caliskan和Doukas, 2015; 王霞等, 2008; 陈其安和肖映红, 2011; 张瀛之等, 2017）以及继任（Weisbach, 1995）等CEO特征与行为对资本结构、投资行为和股利分配政策的保障与约束作用。但是，现有研究忽略了权力在CEO实现财务决策意愿、引导企业财务计划实现中的重要作用。实际上，企业财务决策的制定过程也是企业内部各方利益博弈与平衡的过程，董事会、高管、债权人等利益相关者都会根据各自的利益与价值观进行"谈判"。因此，无论是企业内部成员间的合作动力还是利益博弈，都会受到团队内部成员之间相对权力大小的影响。而CEO作为企业内部核心财务决策的主要制定者和引导者，其权力的大小会直接影响其与企业内部其他利益相关方博弈的结果。综上所述，从CEO权力的视角分析企业财务决策的动因与阻力，成为有待探索的重要问题。此外，现有相关研究大多关注CEO权力对企业资本结构的影响（Chintrakarn et al.，2014；Chao et al.，2017；Li et al.，2017），而忽略了CEO权力对企业投资行为和股利分配政策的影响。企业投资行为和股利分配政策作为企业财务决策和整体战略的重要组成部分，其制定与调整均会受到CEO个人特征和权力的影响。因此，本书在探讨CEO权力与企业债务融资决策的基础上，深入探究了CEO权力对企业投资行为和股利分配政策的影响。最后，现有研究忽略了企业内外部情境要素对CEO与企业财务决策之间关系的权变影响。实际上，CEO权力在影响企业财务决策的过程中也会受到内外部情境要素的影响。权变的内外部环境会对企业形成差异化的决策情境，推动或抑制CEO的财务决策。基于此，本书进一步分析并检验了企业内外部环境对CEO权力和企业财务决策关系的影响。

二、研究问题

CEO作为企业战略制定和调整的核心领导者，其对企业决策的影响一直是战略管理领域相关研究的核心问题。在现代企业所有权与经营权两权分离的经营范式下（Berle和Means，1932[①]），李维安（2005）[②]认为，公司治理的目标是通过一套包括正式或非正式、内部或外部的制度或机制来协调公司与所有利益相关者之间的利益关系，从而保证公司决策的科学化，进而最终维护公司各方面利益的一种制度安排。从公司治理的角度看，CEO作为重要的

[①] Berle A., Means G. The modern corporation and private property [M]. Transaction Publishers, 1932: 25–49.

[②] 李维安. 公司治理学 [M]. 北京：高等教育出版社，2005.

公司治理主体，其制定或参与的企业决策会受到公司股东、董事会、其他高管等公司利益相关者的影响。基于此，CEO作为企业的核心财务战略决策的制定者和领导者，在制定和调整企业财务战略决策时也将受到股东、董事会等多方利益相关者的监督与制衡。而CEO在与股东、董事会等利益相关者进行博弈的过程中，其权力的大小将成为影响最终财务战略决策结果的重要因素。因此，从权力视角探讨CEO对企业财务战略决策影响的内在机理是一个具有研究价值的研究问题。

企业财务战略决策是企业整体战略的重要组成部分，Bender和Ward[①]在《公司财务战略》一书中指出，企业财务战略决策包括两个组成部分：一是为适应公司总体竞争战略而筹集必要的资本，二是在组织内部有效地管理和运用这些资本包括再投资或分配之后产生的利润的方略。企业财务战略的主要关注点在战略决策的财务方面，而企业战略决策的财务方面则与股东利益紧密相关，进而影响资本市场。合理的财务战略必须与公司战略和竞争战略一样，考虑到各方利益相关者。CEO作为企业战略决策的核心制定者和领导者，也是企业财务战略制定的主导者之一，在制定企业财务决策时面临着与不同利益相关者之间的博弈，其权力的大小对企业财务决策的制定具有保障作用。此外，CEO在进行财务决策时也需要考虑差异化的内外部环境的影响，那么差异化的企业内外部环境会如何影响CEO权力与企业财务决策之间的关系呢？本书采用2007—2015年我国沪、深两市A股非金融类上市公司的相关公司治理和财务数据对这些问题加以分析并进行实证检验。

基于以上研究背景，本书将主要探讨以下两个方面的问题：第一，CEO权力的大小会影响企业财务决策吗？如果会，CEO权力的大小又是如何影响企业财务决策的三个方面主要内容——债务融资决策、投资行为和股利分配政策的？此外，CEO权力影响财务决策的理论逻辑和内在机理是什么？第二，企业内外部环境的差异，包括企业内部业绩压力和企业外部面临的环境不确定性的差异是否会对CEO权力和企业财务决策之间的关系产生影响？如果会，会产生怎样的影响？其内在影响机理是什么？

---

① Bender R., Ward K. Corporate financial strategy, 3rd Edition [M]. Routledge, 2008.

三、研究意义

随着内外部环境的动态性与复杂性逐渐成为企业经营环境的时代特征，公司财务与公司战略逐渐融合，二者的联系日趋紧密。财务战略决策是企业总体战略的重要组成部分，并非只是企业的局部战略，而是对企业的长远发展具有重要意义的内容。科学合理的财务决策是从总体战略的高度进行设计，从而有效地配置和流转企业财务资源，能够保证企业盈利能力，促进企业长期稳定地发展。CEO，作为企业财务战略制定的领导者之一，其"权力"的大小直接影响了各方利益博弈下财务决策的制定以及其将个人决策意愿与偏好上升为公司决策的能力。从权力的视角考察CEO对企业财务决策的影响：一方面，对完善现有财务决策相关研究的理论框架具有重要的理论意义；另一方面，对于指导企业治理实践具有重要的现实意义。

（一）理论意义

第一，本书从权力的视角考察CEO权力对企业财务决策的影响机理，完善了管理者驱动视角下的企业财务决策相关研究的逻辑框架。现有管理者驱动视角下的财务决策相关研究主要是从管理者任期（李培功和肖珉，2012）、背景（Bhagat et al.，2011；徐磊和王伟龙，2016）等人口统计学特征以及管理者过度自信（Malmendier和Tate，2005；Deshmukh et al.，2013；陈其安和肖映红，2011；王霞等，2008）、风险偏好（Caliskan和Doukas，2015）等心理因素（张瀛之等，2017）对企业融资决策、投资行为和股利分配政策的保障与约束作用，而忽略了管理者权力对企业财务决策制定和实施的重要影响。实际上，CEO，作为企业核心财务决策制定的重要领导者之一，"权力"的大小直接影响了其将意愿与偏好上升为公司财务决策的能力。因此，从权力的视角考察企业财务决策完善了现有管理者驱动视角下的企业财务决策相关研究框架。本书构建了CEO权力的三维度模型，分析了CEO权力影响企业财务决策的逻辑框架和影响机理，补充了权力视角下的企业财务决策相关研究。

第二，本书分析了CEO权力与企业财务决策的三个方面主要内容——债务融资决策、投资行为和股利分配政策之间的关系，系统地整合并深化了现有企业财务决策相关研究。现有财务决策相关研究大多只关注CEO特征与行为对财务决策的一个方面,如资本结构、投资行为或者股利分配的影响,而整合三个方面的实证研究则较少。实际上,由于决策情境的差异,CEO对不同的财务决策应该具有不同的影响逻辑和机理,因此,本书深入探究了CEO权力对债务融资决策、投资行为和股利分配政策的差异化影响,健全并完善了企业财务决策的相关研究框架。

第三,本书从组织开放系统的视角,考察环境与组织交互作用下的企业财务决策,深化了现有管理者驱动视角下的企业财务决策相关研究中情境要素的影响。Buckley(1967)认为组织是一个开放的系统。基于环境与组织之间的交互作用,本书从环境与组织关系的相关理论研究出发,通过考察财务决策的内外部环境要素,深入分析其对CEO权力和企业财务决策之间关系的影响。基于制度理论的战略观认为,战略选择要受到决策者在特殊的制度框架下面临的正式的和非正式因素的影响。因此,CEO权力的大小和企业财务决策的制定也会受到差异化企业内外部环境的影响,而CEO权力对企业财务决策的影响也会受到企业内外部环境的约束。基于此,本书在考察CEO权力影响企业财务决策的基础上,引入制度理论,构建CEO权力影响企业财务决策的情境机制,考察差异化的企业内外部环境对CEO权力与企业财务决策关系的影响,进一步深化现有管理者驱动视角下的企业财务决策相关研究的情境要素,探究差异化情境机制下,公司治理要素对企业财务决策的影响。

(二)现实意义

第一,本书从权力的视角考察了管理者驱动要素对企业财务决策的影响,对于指导企业构建基于高管权力视角的财务决策观、优化企业财务决策结构具有一定的指导意义。随着企业所面临的内外部环境日益复杂化与动态化,企业面临越来越多的生存挑战(Ven和Poole,1995),为适应企业内外部环境和保障自身可持续发展,企业需要制定合理的财务决策。当企业制定财务决策时,应考虑到CEO权力对企业财务决策的影响,明确其对企业财务决策的影响机理能够推进企业优化财务决策结构配置,改善企业资本结构、优化投资行为以及规范股利分配政策,进而提升企业整体价值,为我国资本市场培育出健康持续发展的微观主体。

第二,本书考察了CEO权力对企业财务决策的影响,为证券市场投资者的投资决策提供了参考，也为资本市场监管机构监管上市公司治理情况，制定相关政策以及完善中国上市公司治理规范提供了理论支持和实证参考。当投资者进行投资决策或证券市场监管机构制定相关政策时，不仅需要独立考察上市公司的财务现状以及公司治理现状，也需要从公司治理的视角考察公司的财务发展潜力和问题。尤其是作为公司日常经营运作最高决策者的 CEO，其个人偏好以及将个人意愿和偏好上升为公司决策的能力——权力的大小会直接影响公司决策的制定与实施，进而影响企业未来的可持续发展能力。因此，投资者在进行投资决策和资本市场监管机构在制定相关政策时都应警惕和注意上市公司的管理者偏好及能力对公司财务决策的影响，制定合理的监督机制，避免管理者作为代理人，利用手中的权力谋求私利，损害股东利益和公司价值。

第三，本书探索了差异化企业内外部环境下 CEO 权力对企业财务决策的差异化影响，对于深入理解 CEO 权力与财务决策关系的情境机制，指导企业在差异化的内外部环境下制定合理的财务决策具有重要意义。企业的财务决策会受到内外部环境因素的影响，因此，在制定企业财务决策时，考察内外部环境的情境机制的影响有利于指导企业在差异化的情境下优化财务决策结构，制定出科学的财务决策。

第二节　研究内容与研究框架

一、研究内容

结合本书的研究背景，本书从管理者驱动视角探究了 CEO 权力对企业财务决策的影响机制以及差异化的企业内外部环境情境对这种机制的影响。因此，本书的主要研究内容分为以下两个部分。

（一）CEO 权力对企业财务决策的影响研究

本书构建了 CEO 权力的三维度模型并在此基础上深入分析了 CEO 权力对

企业财务决策的影响机理。已有研究主要从CEO背景、任期、薪酬等人口统计学特征，过度自信、风险偏好等心理特征以及继任等方面探究CEO特征与行为对资本结构、投资行为和股利分配政策的保障与约束作用。但是，现有研究忽略了CEO权力对于企业财务决策的制定和实施的重要影响。CEO要将个人偏好与意愿上升为公司决策，需要权力作为实现偏好与意愿的重要途径和手段。因此，本书构建了CEO权力的三维度模型并着重分析了CEO权力对债务融资决策、投资行为和股利分配政策等企业财务决策的三个方面主要内容的影响。

第一，CEO权力的三维度模型的构建。Pfeffer（1981）认为权力是有具体的情景并处于特定关系中的，且与特定社会关系中的其他社会角色相关。因此，CEO权力是具有相对性和独特性的。现有CEO权力的相关研究大多基于Finkelstein（1992）的研究，认为权力是个体行为者实现其意愿的能力，并根据高管权力的来源将高管权力划分为结构性权力、所有权权力、专家权力和声望权力。这种定义和度量方式忽略了CEO权力的特殊性和相对性，因此本书在构建CEO权力的模型中，综合考察了CEO权力的特殊性和相对性，将其放入公司治理框架下，从股东、董事会和CEO个人特征三个维度进行定义和度量，最终构建了CEO权力的三维度模型。

第二，CEO权力对企业债务融资决策的影响分析。本书分析了CEO在进行债务融资决策时会面临的情境，并基于经典的委托代理理论分析了在此情境下CEO会如何利用其手中的权力实现其个人的决策偏好和意愿。由于债务融资决策会在短期内显现于公司财务报表，信息不对称程度较低，一旦决策失误，CEO将受到来自董事会的质疑和严格的监督，面临个人名誉受损、薪酬减少甚至被迫离职的风险。因此，出于风险规避动机，CEO在进行企业债务融资决策时会更为审慎。基于此，本书在这一部分分析了CEO权力影响企业债务融资决策的机理。

第三，CEO权力对企业投资行为的影响分析。本书分析了CEO在进行投资行为时会面临的决策情境，并基于社会心理学中权力的趋近理论分析了该情境下强权CEO会如何进行投资决策。由于投资决策效果通常无法在短期内迅速显现，因此相对于债务融资决策来说信息不对称程度更高，CEO的自由裁量权也更大。在这种情境下，CEO能够通过"外部归因"减轻决策失误的压力并且通过"印象管理"的手段使董事会支持其风险性投资决策。基于此，本书在这一部分分析了强权CEO影响企业投资决策的内在机理。

第四，CEO权力对企业股利分配政策的影响分析。本书分析了CEO是如何运用其手中的权力影响企业股利分配政策的。现金股利在资本市场上具有信号作用（Bhattacharya，1979）。由于投资者大多奉行"在手之鸟"理论，厌恶风险，认为通过留存收益再投资所获得的未来收益的风险高于当前实际得到的股利的风险。因此，在资本市场上，投资者通常会赋予股利分配较多的公司以更高的价值（Miller和Rock，1985）。基于信号理论，管理者作为内部人可以通过现金股利的方式向外部传递信号，从而降低公司内部管理者和外部投资者之间的信息不对称程度。因此，CEO也可以运用其手中的权力通过分配股利的方式向外部传递利好信号，吸引投资者投资，增加公司价值，提高个人收益。基于此，本书在这一部分分析了CEO权力影响企业股利分配政策的内在机理。

（二）差异化企业内外部环境的调节作用研究

本书在分析了CEO权力对债务融资决策、投资行为以及企业财务决策的影响机理后，进一步考察了差异化的企业内外部环境对CEO权力与企业财务决策之间关系的影响。从效率机制的视角看，只有适应内外部环境的变化，选择合适的战略，制定合理的决策，企业才能够生存和发展。本书从企业面临的业绩压力的角度分析了企业内部决策环境，从企业面临的外部行业环境不确定性的角度分析了企业外部决策环境。因此，本书主要从以下两个方面考察了差异化的企业内外部环境对CEO权力与企业财务决策关系的影响。

第一，企业内部业绩压力的影响。业绩压力下管理者制定企业的财务决策会受到董事会更为严格的监督，同时也面临着更高的名誉、薪酬甚至离职威胁。这种情境下，出于自利性动机，管理者亟须提高企业利润，维持个人声誉、报酬水平以及解除离职风险，进而更有动力通过积极的投资活动实现企业绩效的增长，以期提高利润，解除威胁。相反地，当企业业绩较好，管理者面临的业绩压力小，可能会降低管理者改变现状的动力，导致组织惰性（Lant et al.，1992），出于损失厌恶（Loss Aversion），管理者更可能保持现状，减少风险性的投资活动。基于此，本书在这一部分分析了企业内部业绩压力对 CEO 权力与企业财务决策关系的影响。

第二，企业外部行业环境不确定性的影响。Buckley（1967）认为组织是一个开放的系统，开放系统具有自我维系能力，而这种能力的基础是加工从环境获取的资源。因此，环境是系统维系自身能力、差异性和多样性的根源。Pfeffer 和 Salancik（1978）等在其研究中都强调，公司需要重视竞争、技术、政治和制度环境中不可预见的改变，并与之保持匹配。基于开放系统的视角，公司战略与其所处的环境是紧密联系的，公司在制定战略时需要考虑环境要素带来的影响。当外部环境不确定性程度较高时，企业将面对竞争力更加不稳定的市场（Grimm et al., 2005）或者更加不可预测的竞争者行为（Ferrier, 2001），这些因素都为 CEO 决策增加了不确定性，使 CEO 所面临的选择范围被显著地扩展了，使 CEO 的风险规避动机被强化，在进行财务决策时会更加规避风险。基于此，本书在这一部分着重分析了企业外部行业不确定性对强权 CEO 作出的财务决策的影响。

二、研究框架

基于以上研究内容，本书的主要研究框架如图 1.1 所示，具体的研究思路和章节如下。

第一章，本书在阐述现实背景和理论背景的基础上引出了本书的研究问题并细化了本书的具体研究内容，即 CEO 权力影响企业财务决策的内在机理和差异化的企业内外部环境对 CEO 权力与企业财务决策之间关系的影响分析。

第二章，本书在对研究问题和主要研究内容清晰界定的基础上回顾了与之相关的已有文献，对企业财务决策相关研究、CEO 权力相关研究以及 CEO 权力与企业财务决策之间关系的相关研究进行了系统的文献梳理，并对环境与组织战略之间关系的相关研究进行了回顾和述评。

第三章，本书的理论分析部分。第三章主要分析了 CEO 权力影响企业债务融资决策、投资行为以及股利分配政策的内在机理，并构建了 CEO 权力影响企业财务决策的整合模型。此外，本章在此基础上进一步分析了内外部环境对 CEO 权力与企业财务决策之间关系的影响。

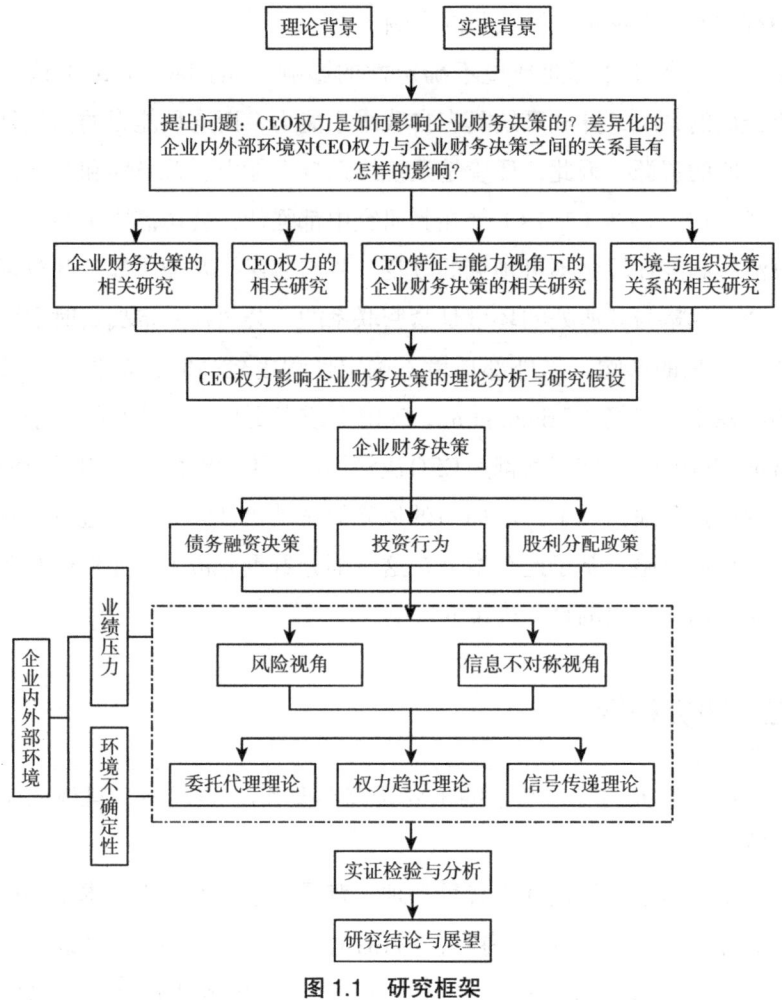

图 1.1 研究框架

第四章，在第三章构建的理论模型和机理分析的基础上提出了相应的研究假设并进行了相应的研究设计。具体来说，本章首先提出了 CEO 权力对企业债务融资决策、投资行为以及股利分配政策的影响的相关研究假设。其次，本章提出了企业内外部环境对 CEO 权力与企业财务决策关系的影响的相关研究假设，具体来说，分别提出了企业内部业绩压力和外部环境不确定性对 CEO 权力与企业财务决策之间关系影响的相关研究假设。最后，为检验前文提出的研究假设，本书进一步从样本选取、变量定义和模型构建方面进行了相应的研究设计。

第五章，本书的实证检验和分析部分。在第五章中，本书基于前面的理论分析和研究设计，对相应的研究假设进行了实证检验并对检验结果进行了分析。

第六章，本书的研究结论及展望部分。在第六章中，本书根据实证检验结果得出了研究结论并进一步说明了研究启示。同时，对未来的研究方向提出了展望。

第三节　研究方法与创新点

一、研究方法

合适的研究方法能够保障研究假设验证的严谨性和科学性，因此，本书依据研究问题，主要采用规范分析与实证检验、定性分析与定量研究相结合的研究方法。其中，规范分析主要采用归纳和演绎的分析方法，而实证检验则主要采用计量分析中的描述性统计、相关性分析、单因素方差分析、最小二乘法（OLS）、逻辑回归（Logit）并在部分稳健性检验中采用了两阶段最小二乘法（2SLS）回归等方法。

其中，规范分析法侧重于对研究对象的定性分析，通常是在一定理论基础上进行演绎，从而有效地识别变量之间的关系，或者是对一定的现象进行归纳与抽象，总结出新的理论。具体而言，我们对高管权力与企业财务决策之间的关系以及环境与组织战略关系的相关文献进行了系统地梳理与分析，并进一步使用归纳、演绎等规范分析的研究方法总结分析了CEO权力影响企业财务决策的内在机理以及差异化企业内外部环境对CEO权力与企业财务决策关系的影响。

实证检验方面，本书在理论分析的基础上，构建了CEO权力的三维度模型，运用改进的模糊层次分析法对CEO权力变量进行了定义和度量并在此基础上深入讨论了CEO权力对企业财务决策的影响以及差异化的企业内外部环境对二者关系的影响。采用的计量方法主要包括单因素方差分析、OLS回归、

Logit 回归、聚类稳健标准误、两阶段最小二乘法（2SLS）等。

二、创新点

本书从权力的视角考察CEO权力对企业财务决策的影响并进一步考察了企业内外部环境的情境影响，突破了已有研究聚焦于CEO特征和行为与企业财务决策之间关系的不足，主要创新点包括以下三个方面：

第一，本书从能力视角考察了CEO权力对企业财务决策的影响，完善了企业财务决策驱动因素研究中的"动机—能力—行为"逻辑链条中的能力环节。现有研究大多从动机视角考察CEO特征与企业财务决策之间的关系，忽略了权力对企业财务决策制定和实施的重要影响。CEO，作为制定企业财务决策的重要领导者和参与者，其"权力"的大小直接影响了将其个人财务决策意愿与偏好上升为企业决策的能力。因此，本书从权力的视角考察CEO权力对企业财务决策的影响，完善了企业财务决策的驱动因素研究的逻辑框架，是对现有企业财务决策研究的重要补充。

第二，本书从企业面临的内外部环境的角度设定了企业财务决策的研究情境，弥补了现有高管特征与行为视角下企业财务决策驱动因素研究情境缺失的不足，深化了权变视角下的企业财务决策研究，从而更为科学、合理地指导企业进行财务决策。已有研究大多从管理者特征和行为的视角考察企业财务决策的驱动因素，忽略了相应的情境要素。但是，Buckley（1967）指出，组织是一个开放的系统，并不仅是说它与环境之间存在交换关系，更是指这种交换关系是系统存活的关键。因此，基于环境与组织之间的交互作用，本研究从环境与组织决策的相关理论研究出发，通过构建企业财务决策的内外部环境情境，从企业内部的业绩压力和外部的环境不确定性两个方面考察了内外部环境要素对CEO权力和企业财务决策之间关系的影响。限定企业内外部环境情境下的企业财务决策研究在考察企业财务决策驱动因素的基础上明确了制定财务决策的情境要素，能够更为科学地指导企业制定财务决策。

第三，本书构建了CEO权力的三维度模型，弥补了现有研究中CEO权力构成和度量的特定情境和关系的缺失。Pfeffer（1981）指出，权力是具有特定情境或关系的，并且只在特定的社会关系中才会与其他社会角色有关。已有研究中对CEO权力的定义、构成和度量大多基于Finkelstein（1992）对高管权力的界定和度量，忽略了CEO权力的特殊性和相对性。CEO作为公司财务决策的重要制定者和领导者，在公司治理情境下其权力的发挥会受到其他治理主体的影响，具有相对性和特殊性。基于此，本书将CEO权力置于公司治理框架下，从股东、董事会和CEO个人三个维度进行构念和度量，并运用改进的模糊层次分析法赋予各维度和指标不同的权重，最终构建了CEO权力的三维度模型，弥补了现有研究对CEO权力构成和度量的特定情境与关系的缺失，为企业科学地认知和构建CEO权力结构提供了理论支持。

02 第二章

文献综述

本书旨在研究CEO权力影响企业财务决策的内在机理。根据本书的研究主题和设计的研究框架，第二章对企业财务决策、CEO权力、两者之间关系以及环境与组织决策之间的关系进行了较为详细的回顾，并进行了简要的述评：一方面，梳理已有相关研究可以对研究问题的现状有较为全面的理解；另一方面，对现有文献的述评可以发现研究不足和空白，从而准确定位研究方向，促进研究创新。

第一节 企业财务决策相关文献综述

一、企业财务决策的内涵

早期大量国内外学者对企业财务战略的内涵进行了界定，后期学者们的研究大多聚焦于财务决策中的融资决策、投资决策或股利分配决策中的一方面进行深入研究。科普兰等（2002）在其研究《价值评估》中指出："公司财务与公司战略在经过剧烈冲突后融为一体，两者的关系日趋紧密。"Myers（1984）也认为财务理论研究需要扩展，从而协调财务与战略两大领域。国外学者对企业财务决策的研究主要是从战略管理中的财务决策和财务决策中的战略视角两个方面进行的。其中，部分学者从战略管理的角度考察企业的财务决策（Walter，1990），认为财务战略决策只是企业总体战略的一部分或子战略。战略管理可以划分为总体战略、竞争战略以及职能战略三个层次。这些学者认为财务决策是以增加股东收益为目标制定的关于经营模式、资金管理、杠杆运用等内容的综合策略，从而有效运用企业的经营实现对现金流量的管理。但是，大多数的国外学者是从财务管理的战略视角进行研究的，他们认为财务战略是战略理论在财务理论基础上的应用与延伸，主要是从财务管理涉及的内容来界定企业财务决策。其中，Slater和Zwirlein（1996）认为，公司财务决策对影响股东的价值创造有持续的潜在影响，是公司投资、财务以及股利决策的产物，决定了资金分配、最佳资本结构以及收益再投资和分配在公司整体投资机会竞争中的比例。Rutterford（1998）则认为，财务决策是为了对股东实现资本价值增值而制定的一系列合理的筹资决策、投资决策以及风险管理决策的总和。Ansoff和Antoniou在其合著的《变革国家中公司发展战略》一书中提出，财务决策关注的是为整体战略的实施提供资金并支持公司的经营。这些财务决策包括获取资金的政策和计划、为投资项目和经营机构分配资金、管理营运资金以及支付股息。Bender和Ward（2003）在《公司财务战略》一书中给出的概念则是"为适应公司总体竞争战略而采用的最适当的方式筹集资本，并在组织内部有效地管理和运用这些资本的方略，是企业整体战略的重要构成"。近期国外学者的财务决策相关研究一般聚焦于财务战略决策的某一方面，如部分学者聚焦于高管特征与行为对企业资本结构的影响（Bhagat et al., 2011; Chintrakarn et al., 2014; Chao et al., 2017），在这些研究中资本结构通常是指企业各种资本的价值构成及其比例关系，是企业一定时期筹资组合的结果；也有学者聚焦于高管特征与行为对企业投资行为的影响（Malmendier和Tate，2005；Hu和Liu，2015），这些研究中的投资行为通常是指投资主体在一定投资动机的驱使下为达到既定目标而作出的具体投资活动；此外，还有学者聚焦于高管特征与行为对股利分配决策的影响（Francis et al., 2011; Minnick和Rosenthal, 2014; Caliskana和Doukas, 2015），这些研究中的股利分配决策通常是指企业将利润的一部分作为股利向股东分派的方案和过程。

国内学者主要是从战略视角研究企业财务决策，认为财务活动并非是企业的"局部"活动，财务战略具有独立性（阎达五和陆正飞，2000）。刘志远（1997）对财务战略进行了系统的研究，其研究应该是对国内公司财务战略的主要研究中最早的论述。他定义了财务战略决策的概念与内容，认为"财务战略是为了谋求企业资金均衡有效地流动以及实现企业战略，增强企业财务竞争优势，在分析企业内外部因素对资金流动影响的基础上，对企业资金流动进行的全局性、长期性和创造性的谋划，并确保其执行的过程"。陆正飞（1999）主要是从财务决策与企业战略之间的关系角度进行研究的，其在《企业发展的财务战略》一书中指出："财务战略决策是对企业总体的长期发展有重大影响的财务活动的指导思想和原则。"他认为财务战略决策是独立于其他战略独立存在于企业体系中的，并指出企业财务战略管理的起点是包括企业整体目标和财务目标在内的目标的确立，重点是环境分析。魏明海

（2001）认为："财务战略决策是在企业总体战略的统筹下，以价值分析为基础，以促使企业资金长期均衡有效地流动和配置作为衡量标准，从而维持企业长期盈利能力的战略性思维方式和决策活动。"孔宁宁（2004）界定了企业财务战略决策的内涵和目标定位，她认为企业财务战略决策是指"在一定时期内，根据宏观经济发展情况和企业发展的整体战略，通过分析企业内、外部环境，谋求资金的均衡有效流动以及企业整体竞争力的增强，从而对企业资金进行的全局性、战略性的谋划，以获取最大经济效益的总体方略"。她指出财务战略决策主要包括筹资决策、投资决策以及收益分配决策三个方面的内容，且具有整体性、长期性、从属性以及风险性的主要特征。其中，企业财务战略决策的整体性是指企业财务决策应该根据企业财务的长远发展制定，旨在追求企业财务的总体竞争力，是指导企业一切财务活动的纲领性谋划；长期性是指企业财务决策对企业的各种理财活动具有长期方向性的指导作用；从属性是指财务决策是企业整体战略体系中的一个子系统，其必须服从和服务于企业整体战略，从财务角度支持企业整体战略的实施；风险性是指财务决策注重企业发展中遇到的各种风险因素，是企业规避财务风险的重要工具。

综上所述，国内外学者对企业财务决策的内涵界定主要是从财务决策的目标或内容来进行定义，综合已有研究对企业财务决策的界定，本书认为企业财务决策是在深入分析企业内外部环境要素影响的基础上，为实现企业资金均衡有效的流动以及企业的总体长期发展而制定的全局性、长期性及创造性的总体方略，主要包括筹资决策、投资决策以及收益分配决策三个方面的主要内容。

二、企业财务决策的影响因素

现有对企业财务决策影响因素的研究主要是从风险的角度分析其对企业财务决策制定的影响。其中，很多学者从周期性因素的角度考察处于不同周期阶段的企业所制定的财务决策的差异。实际上，周期性因素并不仅指企业生命周期（Bender 和 Ward，1993；罗福凯和王雪梅，2006；孔宁宁，2004），也有经济发展周期（郭伍常，2004）和企业核心能力发展的不同阶段（黄国良等，2004）。国内外研究生命周期与财务决策关系的学者主要是从生命周期的不同阶段所面临的经营风险不同，财务风险也会发生相应的变化，从而制定出符合生命周期不同阶段的财务决策。其中，Bender和Ward（1993）的研究强调了商业风险与财务风险之间的权衡关系，采用营业销售收入增长率、派息率等五个指标将企业生命周期划分为成长期、成熟期以及衰退期三个阶段，他们认为随着企业经营风险的下降，财务风险则会相应的增加，企业则通过二者之间的反向搭配，在企业生命周期的不同阶段制定出合适的财务决策，如为应对企业初创期的高经营风险，资金来源以风险投资为主，股利分配政策则采取零股利分配政策；成长期的企业经营风险较高，则资金来源主要是权益资本，股利分配政策采用名义上的股利支付率；成熟期的企业面临的经营风险相对较低，则可以通过留存收益和负债的方式获取投资资金，股利分配政策则可以采用高股利支付的方式；衰退期的企业面临的经营风险低，而财务风险相对较高，主要通过负债的方式获取资金，全额发放股利。魏明海教授在《财务战略——着重周期性因素影响的分析》(2001）中指出，企业财务决策的线索主要有两条：一是考虑周期性因素对企业财务决策的影响；二是考虑公司治理因素对企业财务决策的影响。他认为企业财务决策的制定和实施需要制度基础的保障作用，否则财务决策只是一系列互不相干的战术、方法。罗福凯和王雪梅（2006）的研究也表明企业生命周期对财务决策的制定具有重要影响，只有明确企业所处的生命周期阶段才能选择合适的财务决策，以降低财务风险，增强财务稳定性。孔宁宁（2004）指出经营风险与财务风险的多种组合模式形成了企业的总体风险，由于经营者总是期望在将公司风险控制在一定程度的前提下保证企业经济效益的持续增长和提高，因此企业会根据所面临的经营风险的变动将财务风险进行逆向调整，从而保证公司整体风险被控制在可接受范围内。她也认为企业生命周期的不同发展阶段有不同的风险特征，通过将企业生命周期分为初创期、成长期、成熟期以及衰退期四个阶段，分析不同企业生命周期阶段的企业风险特征所对应的筹资战略、投资战略以及收益分配战略的选择。郭伍常（2004）认为中小企业的财务决策的选择要与经济发展周期相适应，在经济复苏阶段采取扩张型财务决策；在经济繁荣阶段采用快速扩张或稳健型的财务决策；在经济衰退阶段应采取防御收缩型财务决策。黄国良等（2004）认为企业核心能力自身具有内在的生物进化性特征，企业核心能力不同的发展阶段具有不同的内在特征，因此应该采用不同的财务决策。核心能力出于孕育期的企业应该采用集中财务决策，成长期的企业应采取扩张型财务决策，成熟期的企业应该采取稳健的财务决策，衰退期则应采取防御型财务决策。

除了生命周期视角下的研究，也有部分学者从其他企业特征视角研究了企业财务决策的影响因素，但大多是研究了某一特定的企业财务决策方面的影响因素。如，Sandberg等（1987）认为如何决定财务杠杆嵌入资本结构的程度是公司战略计划的重要组成部分，研究结果表明如果负债具有税收优势，那么它能够降低实际资产投资所必须超越的收益率门槛，而如果杠杆能够向投资者传递公司未来收益能力，则它对公司的权益价值有额外的正向影响。徐光华和沈弋（2011）则基于企业共生理论，解析了共生观视角下的财务决策和社会责任战略，分别从企业共生筹资战略、共生投资战略以及共生收益分配战略三个方面对基于传统财务理论的财务决策进行了基于共生理论的修正分析，从战略理念层和执行层耦合的角度探寻了企业共生财务决策的实现途径。杨淑娥等（2000）分析了影响我国上市公司股利分配政策的主要因素，研究结论表明上市公司股利分配政策在符合外部制度约束的前提下，主要受企业内部经营状况、盈利情况以及股东意愿等因素的影响；现金股利主要受到企业货币资金存量以及可供股东分配利润两项因素的正向影响；股票股利主要受到总股本的负向影响，并且受到流通股占比和可供股东分配利润的正向影响；此外，资本公积金存量的增加会增加资本公积金转增股本，而可供股东分配的利润和总股本越多，资本公积金转增股本则会越少。

此外，公司治理与企业财务决策之间的关系研究也受到了国内外学者的广泛关注，按照公司治理主体可以划分为董事会特征和行为视角以及管理者特征和行为视角下的企业财务决策研究。其中，董事会特征和行为视角下的企业财务决策研究，包括董事会构成（Tarus 和 Ayabei，2015；Byrd 和 Mizruchi，2005）、董事会特征（Wen et al.，2002）对资本结构的影响；非执行董事对过度投资的抑制作用（胡诗阳和陆正飞，2015）；董事会特征（冯慧群和马连福，2013）、独立董事（Sharma，2011）等对股利分配政策的影响。

管理者特征和行为视角下的企业财务决策研究，主要包括高管团队异质性（王希胜，2016）对企业财务决策的影响；管理者堑壕（Berger et al.，

1997)、管理者特征（Bhagat et al.，2011；萧峰雷等，2011）对资本结构的影响，管理层持股（张庆和朱迪星，2014；Farrukh et al.，2017）、管理者层级差异导致的过度自信（刘柏和梁超，2016）、管理层权力（谢佩洪和汪春霞，2017）对企业投资的影响；高管薪酬（White，1996）、管理者堑壕（Kumar，2004）、高管过度自信（陈其安等，2010）、高管股权激励（吕长江和张海平，2012）对公司股利分配政策的影响。

综上所述，已有关于企业财务决策影响因素的研究主要是对企业生命周期、内部经营情况、盈利情况等企业特征要素以及董事会和管理者特征和行为视角下的公司治理要素对筹资战略、投资战略以及股利分配政策等企业财务决策的主要方面进行探究。

三、企业财务决策的经济后果

大多关于企业财务决策的经济后果的研究仅聚焦于筹资决策、投资决策或股利分配决策等企业财务决策的主要内容中的一方面对企业价值的影响。

（一）债务融资决策与企业价值

已有关于资本结构与企业价值关系的研究主要是从负债类型、负债成本、财务杠杆等债务融资决策对企业价值的影响。如，Allayannis等（2003）检验了资本结构与公司财务风险和企业绩效之间的关系，研究发现了决定不同类型负债的使用的一些独特的因素和一般性因素，如更低的外币流通负债成本代理、更为深入地进入外国资本市场的需求、使用风险管理工具管理相关的货币风险的能力。该研究还讨论了亚洲金融危机期间负债类型和绩效之间的联系，研究结果显示没有对冲的外汇负债是危机期间绩效差的主因。Lim等（2018）分析了中国非税收基础的政府补贴带来的负债成本的降低并没有带来企业财务绩效的提高，而是带来了社会绩效的提高，进而得出中国政府使用非税收基础的补贴政策来实现社会政策目标。Margaritis和Psillaki（2010）深入探讨了资本结构、所有权结构以及企业绩效之间的关系，其研究结论支持了Jesen和Meckling（1976）的代理成本假设即高杠杆会提高效率，进而提升企业价值。Berger和Patti（2006）的研究结论为越高的杠杆或越低的权益资本比率与更高的利润效率显著正相关。该结论与代理成本假设一致，代理成本假设下，更高的杠杆比率降低了外部权益的代理成本，并通过约束或激励管理者的方式来为股东利益采取更多的行动，进而提高了公司价值。陈晓和单鑫（1999）分析并检验了债务融资对上市企业融资成本的影响，研究结果表明中国上市企业的长期财务杠杆对加权平均资本成本、权益资本成本均有显著的负向影响，短期财务杠杆则对资本成本没有显著影响，企业规模与资本成本正相关，而行业因素则对企业资本成本没有显著影响。由于企业资本成本与企业价值负相关，则企业长期财务杠杆与企业价值正相关。汪辉（2003）分析了上市公司的债务融资与公司治理、公司市场价值的关系，研究结果表明总体上债务融资能够加强公司治理，增加公司市场价值。沈坤荣和张成（2003）分析了中国企业的外源融资对企业成长的影响，研究结果表明，长期负债对于提高生产效率、增加企业收入具有显著的正向影响，而过多短期负债则会损害企业的生产经营情况。

（二）投资决策与公司价值

已有关于投资决策与公司价值关系的研究主要是从投资过度的角度考虑其对公司价值的影响。Fu（2010）的研究表明管理者过度投资导致了企业生产率的下降，进而导致企业绩效变差，而投资机会相对较少的公司则更为严重。Fedyk 和 Khimich（2016）研究了首次公开发行期间的次优研发投资选择与企业未来的运用和市场表现不佳有关，结果表明处于成长阶段、不盈利或者属于科技驱动行业的公司更可能投资过度，而那些通过降低研发支出而避免损失的公司则更可能会投资不足。此外，他们还发现研发投资过度会导致未来的绩效表现不佳。齐寅峰和覃家琦（2003）通过阐述企业投资附加的融资效应，进一步分析了企业投融资行为的分析框架，解释了投资行为的融资效应对企业价值的影响机理。杜兴强等（2011）研究了高管的政治关联对国有上市公司投资行为和公司价值的影响，研究结果表明政治联系会显著增加国有上市公司过度投资的概率，且地方政治联系相对于中央政治联系来说，能够更显著地增加国有上市公司过度投资的概率。进一步的研究表明过度投资行为显著降低了国有上市公司的公司价值。

（三）股利分配政策与公司价值

已有关于股利分配与企业价值关系的相关研究较少，Dewenter和Warther（1998）对比了美国和日本公司的股利政策，检验了股利变化和股价回报之间的关系，研究结论表明日本公司面对的信息不对称和代理冲突比美国公司少，其股息更能反映企业盈利的变化情况。Deangelo和Deangelo（1990）研究了1980—1985年80家纽约证券交易所的公司的股利分配政策调整造成了财务困境，研究发现几乎所有的样本公司都削减了股息分配，而半数以上的公司在他们削减股息的当年都面临着绑定债务契约的情况。而在没有绑定债务契约的情况下，股息被削减的次数要高于被拖欠的次数。此外，拥有长期股息派发历史的公司的经理们似乎特别不愿意拖欠股息。最后，股息的削减有时是一种刺激，如提高公司同有组织的劳动力之间的谈判地位。Walter（1963）认为股利政策的选择会影响企业的价值，他指出在现实世界考虑完美竞争环境下的股利政策的影响是不合理的，在不完美可能性被承认的前提下，股利和未来现金流水平之间的关系就变得明确了。刘洋（2016）检验了我国创业板上市公司现金股利分配政策与公司价值之间的关系，研究结果表明创业板上市公司通过分配现金股利的方式向投资者传递公司经营利好的信息，进而提升公司价值。此外，创业板上市公司支付的现金股利水平越高，自由现金流下降进而带来了代理成本的降低，从而提升了企业价值。张春龙和张国梁（2017）研究了高管权力对现金股利的影响，以及由此带来的对公司价值的影响，研究结论表明，高管权力与股利分配倾向、力度负相关，而这种影响损害了公司价值。

综上所述，已有关于企业财务决策的经济后果的研究主要是从债务融资决策、投资决策以及股利分配政策三个方面考察其对公司价值的影响。债务融资决策与公司价值关系的研究主要是从负债类型、负债成本、财务杠杆等角度考察其对企业价值的影响，但是由于研究关注点、研究对象以及研究情境的差异导致研究结论不尽相同；投资决策与公司价值关系的研究主要是从投资过度的角度考虑其对公司价值的影响，研究结论基本一致，认为管理者过度投资会降低企业生产率，进而损害公司价值。股利分配政策与公司价值的研究主要是从股息分配对企业资本市场反应的影响角度进行分析，但是并未得出异质性结论。

第二节　CEO权力相关文献综述

根据高层梯队理论（Upper Echelons Theory，UET），CEO作为企业战略决策的核心制定者和领导者，其个人特质影响了企业的战略选择，进而影响了企业行为。权力是个体行为实现其意愿的能力，CEO个人权力的大小是保证其个人意愿、偏好上升为企业决策的关键。因此，本节从CEO权力的内涵与测度、CEO权力的来源以及CEO权力的影响三个方面对已有关于CEO权力的研究进行综述。

一、CEO权力的内涵与测度

国内外现有对CEO权力的界定主要来源于对高管权力的定义。其中，Finkelstein（1992）对高管权力的定义和度量应用最为广泛，具有里程碑式的意义。他认为权力是个体行为者行使他们意愿的能力。这一定义与其他一些学者对权力的定义一致。其中，Pfeffer（1981）认为权力是个体向他人施加影响从而在某种程度上改变个人或组织行为的能力。此外，他认为权力是基于特定情景或关系的，而且只有在特定的社会关系中与其他社会角色相关，即权力具有相对性和特定性。Salancik和Pfeffer（1977）认为权力反映了董事会或CEO通过正式或非正式手段"带来他们所希望的结果"的能力。March（1996）认为权力是压制并能长期保持这种压制不一致意见的能力。Hickson等（1971）认为权力是社会关系而非个体的产物。法国学者埃哈尔·费埃德伯格（2005）指出权力产生于人与人之间的相互依赖关系，是一种建构与己有利的协商性行为交换的能力。行动者想要控制或对他人行使权力，则需要两个条件：一是需要某种内含于结构的自由余地，即拥有某种稀缺资源；二是与他人潜在的交换过程中存在着某种不确定性。Korkeamäki等（2017）则是从CEO自由裁量权的角度界定了CEO权力，认为CEO的自由裁量权能最大程度的代表CEO所拥有的权力的大小。李瑞（2005）的研究发现总经理的权力来源于职位本身，具有一定程度的强制性和服从性以及明显的独占性和指向性，是实现总经理影响力的前提。周建等（2013）认为CEO权力是CEO利用其所有权或者地位处理内部不确定性，影响企业战略决策的能力。此外，也有部分研究从CEO与董事会的相对权力角度界定CEO权力。如，Pearce Ⅱ和Zahra（1991）根据CEO和董事会权力的大小将董事会划分为四种类型，分别是临时代理型董事会、法定董事会、积极的董事会和参与型董事会，其在度量CEO和董事会之间的相对权力时是通过开发了一个涉及通过法律途径改变公司、在资本结构领域实施变革、关于资本支出的决策等15个方面的量表。

Child（1972）认为权力是战略选择的核心，研究权力能够理解所作出的战略选择，从而准确地预测管理者倾向对战略的影响，而且只有充分度量了权力，才可能获得高水平的预测准确性。已有研究对CEO权力的度量大多基于Finkelstein（1992）对高管权力来源的分类，选择某一维度和某几个维度的若干指标进行度量。如，Haynes和Hillman（2010）基于权力的构成要素，采用CEO结构性权力和所有权权力的指标包括：CEO与董事长是否两职合一、非执行董事占董事总人数的比例、目标公司CEO持股与董事持股之比、CEO上任后新雇佣的董事占董事会总人数的比例，最后通过加总标准化后的指标来度量CEO权力指标；Lewellyn和Muller-Kahle（2012）则是按照Finkelstein（1992）对高管权力的分类从结构性权力、所有权权力、专家权力和声望权力四个维度，选取CEO与董事长两职合一和董事会独立性作为结构性权力的代理变量，选取最大的外部股东持股和CEO持股作为所有权权力的代理变量，选取CEO任期和外部董事任期作为专家权力的代理变量，选取CEO担任的外部董事数量作为声望权力的代理变量。韩立岩和李慧（2009）通过CEO是否是公司的创始人、CEO是否是董事会中唯一的内部人以及CEO是否兼任董事长三个虚拟变量来衡量CEO权力，当以上三种状态中有两种以上成立，则认为该公司的CEO是权力集中的。李海霞（2017）的研究也基于Finkelstein（1992）对高管权力的划分，从位置权力、所有者权力、专家权力以及自主决策权力四个方面采用CEO兼任董事长、副董事长或董事的虚拟变量、CEO是否持股、CEO是否为公司创始人、CEO的学历、职称、兼职情况、独立董事比例以及机构投资者持股比例八个维度的赋值求和对CEO权力指标进行度量。权小锋和吴世农（2010）的研究也参考Finkelstein（1992）的权力模型对CEO权力强度进行了度量，也是从组织权力、所有权权力、专家权力和声望权力四个维度并在每个维度选取两个虚拟变量来度量CEO权力的大小。其中，组织权力维度下选择了CEO是否与董事长两职合一以及CEO是否是公司内部董事两个指标，所有权权力唯独下选取了CEO是否持有公司股权以及机构投资者持股比例是否低于行业中位数两个指标，专家权力选取了CEO是否具有高级职称以及CEO任期是否超过行业中位数两个指标，声望权力则选取了CEO是否具有硕士及以上学历以及CEO是否在企业外兼职两个指标，最终通过主成分分析法对以上八个指标进行主成分分析，采用第一主成分作为CEO权力强度的综合指标的方法以及对八个虚拟变量直接相加求平均值的方法度量CEO权力强度。周建等（2013）是将任期、所有权、执行董事的比例和CEO与董事长两职合一四个指标得分标准化后进行加总的方式度量CEO权力的。近期关于CEO权力的研究在选择代理变量时则主要是从CEO权力的影响因素的角度进行选取的，如，Chava等（2010）的研究表明更长的CEO任期提高了CEO塑造公司管理结构的能力，进而强化了他们的权力；Shin（2013）采用了CEO与董事长两职合一、外部董事比例、CEO上任后雇佣的董事比例以及CEO上任后所雇佣的独立董事比例四种方式对CEO权力进行度量；Korkeamäki等（2017）选取了CEO任期和CEO与董事长两职合一两个指标作为CEO权力的代理变量。

综上所述，自Finkelstein（1992）对高管权力作出相对科学的定义和度量后，引发了一系列关于高管权力对企业运营管理的研究。现有研究大多基于Finkelstein（1992）的对高管权力的分析框架和划分方式，从结构性权力、所有权权力、专家权力以及声望权力四个维度并在每个维度下选择部分指标进行主成分分析或标准化后加总的方式进行度量。但这些研究普遍存在着对高管权力的定义不明确、衡量指标逻辑不清晰、理论基础单一以及机理分析相对薄弱等问题（李胜楠和牛建波，2014）。实际上，虽然有些CEO特征影响了CEO权力，但是CEO权力却不能采用单一的CEO特征进行定义和度量。CEO权力的定义和度量应该考虑CEO作为企业层级结构顶端的高管人员，其权力的独特性以及相对性，即对CEO权力界定和度量都应该在限定情景下。此外，CEO权力的定义和度量还应注意内在的逻辑性以及内在机理的分析。

二、CEO权力的来源

已有针对CEO权力来源的研究主要来自于国外学者，他们提出了CEO权力的主要来源。French和Raven（1959）假设了五种不同的权力基础的存在：一是，由于所有权或雇佣、遴选导致的组织层级中的领导者的位置带来的位置权力或合法性权力；二是，基于追随者惩罚的恐惧和领导者施加的权力所产生的强制性权力；三是，基于追随者对薪酬的期待以及领导者奖励他们的权力；四是，专家权力则来源于由领导者的特殊知识和技能的与追随者和其他人之间的差别；五是，参照或魅力权力则是由于个人特质或性格特点的差异，追随者和他人产生的对领导者的认同。Tichy等（1979）以及Pearce和David（1983）认为正式的权威或者非正式影响可能会导致行使权力的发生。Finkelstein（1992）根据权力的来源将高管权力划分为结构性权力、所有权权力、专家权力以及声望权力四个维度。Daily和Johnson（1997）是最早聚焦于CEO权力的来源的研究之一，他们认为CEO的权力一般是由于合法性权威，对于他们所任职的公司的广博的知识以及他们对于公司战略方向、结构以及内部流程的强大影响（Beatty和Zajac，1987；Mizruchi，1983；Roth，1995）。Haynes和Hillman（2010）的研究指出高管权力可能有多种来源（Fiankelstein，1992），如基于组织结构和层级（Hambrick，1981）的结构性权力，基于管理者持股（Zald，1969）的所有权权力，来源于经历的相关专业知识的专家权力（Mintzberg，1983）。Shin（2013）认为高管的权力可能有不同的来源，如CEO的正式位置（如CEO与董事长两职合一）、董事会构成（董事会中的高管成员或外部董事可能和管理层有专业或个人关联）、董事对相似管理者的心理偏见和倾向（如群体内偏见和互惠规范），而且CEO通常会对董事提名、董事会构成和董事会成员的心理倾向有重要影响（Bebchuk和Fried，2004；Westphal和Zajac，1995），这些在某种程度上都构成了CEO权力的来源。李胜楠和牛建波（2014）指出权力的来源很广泛，职权、技能和职能的专业化与稀缺性、对知识的垄断以及不确定性领域等都可以构成权力的来源。现有对CEO权力的来源的研究主要是基于组织行为理论，基于组织结构和层级、股权、专业性以及声望等合法性要素带来的权力，这些要素在某种程度上构成了CEO权力的来源。

三、CEO权力的影响

CEO权力作为将意愿、偏好上升为行为的关键因素，引发了一系列CEO权力对公司决策影响的研究。自Finkelstein（1992）对高管权力进行了较为科学的定义和度量后，大量学者针对CEO权力与企业决策的关系进行了实证研究（Grabke-Rundell和Gomez-Mejia，2002；Morse et al.，2011；Karaevli和Zajac，2013；Essen et al.，2015）。大部分的研究使用了影响CEO权力的关键特征变量如CEO与董事长是否两职合一、CEO任期等作为代理变量。已有考察CEO权力的影响的研究主要是从CEO权力对公司风险承担、高管薪酬、企业战略决策以及企业财务决策四个方面进行的。

（一）CEO权力与风险承担

已有关于CEO权力对公司风险承担影响的研究大多基于代理理论或高层梯队理论（Kim和Lu，2011；Kim和Buchanan，2011；Victoravich et al.，2011；Chintrakarn et al.，2015），也有少数学者基于社会心理学中的权力趋近/抵制理论分析了CEO权力与公司风险承担的关系（Lewellyn和Muller-Kahle，2012）。但是，现有相关研究并没有得出一致结论。其中，Victoravich等（2011）的研究结果表明当CEO拥有更多权力时，他们能够影响董事会对于他们出于自利性而削减风险的决策。进一步，当他们的个人财富更多地与公司价值相连时，他们更加不倾向于进行高风险项目，因为这些项目会影响到他们的个人财富。然而，他们的研究也发现当CEO们以不可行期权的形式拥有更高水平的未来个人财富时，他们倾向于承担更高水平的风险。Lewellyn和Muller-Kahle（2012）检验了在次级抵押贷款行业CEO权力是如何影响管理层风险承担的，研究发现CEO权力与额外的风险承担正相关。但是，更多的相关研究表明CEO权力与风险承担，尤其是银行风险承担之间具有显著的负相关关系（Pathan，2009；Victoravich et al.，2011；Tan和Liu，2016）。具体来说，Tan和Liu（2016）通过CEO的任期考察了CEO的管理层权力对股价非系统性波动的影响，研究发现拥有更强的管理层权力的CEO，其公司的非系统性股价波动率更低。此外，Chintrakarn等（2015）深入研究了基于CEO薪酬的视角下强权CEO是如何看待公司风险承担行为的，研究发现CEO权力与公司风险承担之间呈现非线性关系。此外，Kim 和 Lu（2011）的研究表明当外部治理较弱时，CEO 所有权与风险承担之间呈现"驼峰"形关系，但是当外部治理较强时，两者之间没有显著相关关系。中国学者对 CEO 权力与公司风险承担关系的研究也作出了一定的贡献。其中，权小锋和吴世农（2010）以 2004—2008 年深圳证券交易所的 374 家上市公司为研究对象，考察了 CEO 权力强度对公司业绩波动性的影响。研究结果表明，CEO 权力越大的公司，其经营绩效越高，经营业绩的风险越大。此外，信息披露质量能显著降低 CEO 权力强度与企业经营风险之间的正相关关系。国有企业相对非国有企业，其 CEO 权力强度对公司业绩波动性的影响更大。张三保和张志学（2012）通过调查问卷的方式对我国 30 个省份企业的 CEO 的管理自主权的大小进行了评价，并以此为基础考察了 CEO 管理自主权与企业风险承担及企业绩效之间的关系。研究结果表明，随着 CEO 管理自主权的提高，企业风险承担水平和企业绩效都会显著提高。李海霞和王振山（2015）基于"行为决策理论"和"代理人风险规避假说"，以我国上市公司为研究样本，对 CEO 权力、投资者保护与公司风险承担之间的关系进行了研究。研究发现，我国上市公司 CEO 权力对公司风险承担的影响更符合"行为决策理论"的推导，即 CEO 权力与公司风险承担水平之间呈现显著的正相关关系。此外，国有上市公司相对于非国有上市公司而言，CEO 集权对公司风险承担的正向影响更加显著。而投资者保护则能够显著调节 CEO 权力与公司风险承担之间的关系，且这种调节作用在国有上市公司中更为有效。李海霞（2017）对我国 A 股上市公司的 CEO 权力与风险承担之间的关系进行了研究，研究结果表明两者之间呈现正相关关系，通过对企业终极控制人性质的进一步划分研究发现，国有上市公司与非国有上市公司相比，CEO 集权对公司风险承担的正向影响更为突出。

综上所述，现有关于 CEO 权力与公司风险承担关系的研究中基于代理框架的研究认为 CEO 出于自利性，为保护自己的人力资本不被分散，会比股东所期望的更加风险规避（Jensen 和 Meckling，1976），因此随着 CEO 权力的增加，公司风险承担水平会随之下降；而基于"行为决策理论"的研究则认为在外部复杂的决策环境以及信息不对称条件下，公司决策权力的集中会导致公司业绩波动的增大以及风险承担水平的提高（李海霞和王振山，2015），因此，随着CEO权力的增加，公司风险承担水平随之提高。也有部分学者从社会心理学的相关理论视角分析CEO权力与公司风险承担之间的关系。社会心理学家提出了趋近和抵制两种神经行为系统作为个体对环境反应的基本维度来解释不同的行为（Keltner et al.，2003），而他们对于个体动机、情感以及行为的差异化影响在于哪种系统正在起作用（Karniol和Ross，1996）。根据权力的趋近理论，权力的提升能够触发行为的趋近系统发生作用，进而增加个体聚焦于潜在的回报而忽略潜在的威胁的倾向，进而提高公司的风险承担水平。实际上，已有关于CEO权力与公司风险承担关系的研究并没有得出一致性结论，究其原因，可能是由于部分研究聚焦于银行业、次级抵押贷款行业等特定行业。此外，采用不同的代理变量来度量CEO权力和公司风险承担水平也是导致结论模糊的重要原因之一。

（二）CEO权力与高管薪酬

根据委托代理理论，高管薪酬是一种解决股东和管理者之间代理冲突的激励机制，合理的薪酬计划能够有效地提升组织效率（李胜楠和牛建波，2014）。根据高管权力理论，高管权力的强化会使高管人员通过报酬的方式获取私利，进而削弱高管薪酬与公司绩效之间的关系，甚至使高管薪酬与企业绩效之间无显著相关关系。Bebchuk和Fried（2002）的研究表明，CEO权力越大，董事会及薪酬委员会越可能受到其影响，从而使CEO影响他们自己的薪酬并运用自己手中的权力进行寻租。Essen等（2012）基于高管权力理论研究了CEO薪酬的决定因素，研究表明高管权力理论可以很好地应用于对如现金收入、总薪酬等核心薪酬变量的解释，但并不适用于解释薪酬—绩效敏感度。在大多数情况下，当CEO对于薪酬的设计过程有权力时，他们的现金薪酬和薪酬总额都要高得多。但是，当董事会拥有更大的权力时，CEO的现金薪酬和薪酬总额都更低。强大的董事似乎能在CEO薪酬与公司业绩之间建立更为紧密的联系，即使所面对的CEO权力很强大时亦是如此。Shin（2013）研究了企业是怎样使用同行的标杆信息来决定他们提供给CEO的薪酬的，研究结果表明薪酬相对较低但相对于董事会来说权力较大的CEO的薪酬与他们同行的薪酬相关，这说明同行标杆管理被更积极地使用来向上调整CEO薪酬；而对那些薪酬相对较高的CEO来说，当CEO对董事会有更大的影响时，该公司的CEO薪酬和同行公司的CEO薪酬之间的关系更弱，这说明CEO能够避免使用标杆向下调整薪酬。Choe等（2014）的研究从寻租视角基于管理者权力理论检验了CEO权力和CEO薪酬之间的关系。研究结果表明，尽管CEO权力无疑会导致CEO总薪酬的提高，但是实际上起作用的是薪酬合约的结构。具体来说，权力—薪酬关系关键取决于CEO能够寻租的薪酬渠道或股权薪酬支付。Abernethy等（2015）深入研究了CEO权力是否会影响公司为了回应制度或公共压力而改变薪酬体系的决策。他们考察了CEO薪酬的一个组成部分，即使用"按照业绩授予股票期权计划"（PVSO计划），研究结果表明强权CEO的公司在最初的计划中，公司会授予CEO挑战更小的目标，即强大的CEO可以通过他们对绩效目标的采用和选择的影响来使PVSO计划的一些有益影响失效。曾江洪和何鹏（2004）通过格拉索薪酬事件以Finkelstein（1992）对高管权力的划分为基础分析了CEO权力与薪酬失控性增长的关系，研究发现CEO结构性权力、股份权力、专家权力以及声誉权力都对其薪酬水平有正向影响，CEO们通过权力的提升可以在一定程度上规避利益相关者的监管，进而谋求私利，提高自身的薪酬水平，进而导致CEO薪酬失控性增长。徐玉龙和杨伟国（2016）以我国A股制造业的上市公司为研究对象考察了CEO权力与CEO薪酬之间的关系，研究结果表明随着CEO权力的增大，利用权力进行寻租的空间就越大，CEO的薪酬越高。综上所述，国内外学者对CEO权力与CEO薪酬之间的研究主要是基于委托代理理论和管理者权力理论，认为CEO会运用手中的权力影响董事会和薪酬委员会对CEO薪酬的决策，从而寻租、谋求私利，进而提高自己的薪酬，降低绩效—薪酬敏感性。

（三）CEO权力与其他企业决策

除了CEO权力与公司风险承担和CEO薪酬的研究，也有部分学者研究了CEO权力对其他一些公司行为决策的影响，如研发投入、董事遴选、公司战略、公司绩效等。王楠等（2017）基于CEO权力异质性视角研究了政府资助对创业板公司研发投入的影响，研究通过整合高阶理论和资源基础理论提出了一个权变的观点，认为CEO的权力水平会影响政府资助对企业研发投入的影响，研究结果表明，政府资助能够促进创业板企业研发投入的增加，而对于CEO权力较高的企业，政府资助与企业研发投入之间的正向关系更强，具体而言，CEO的组织权力、所有权权力以及专家权力都对政府资助与研发投入之间的关系有正向调节作用，但是声望权力则不具有显著的调节作用。Westphal和Zajac（1995）的研究检验了CEO对董事遴选过程的影响，研究结果表明，当现任CEO比董事会更有权力时，新董事很可能在人口统计学特征上与CEO类似；当董事会的权力大于CEO时，则新董事与现有董事的人口统计学特征会相似；CEO与现任董事会之间人口统计学特征的相似性则可能会导致更为慷慨的CEO薪酬合约。Haynes和Hillman（2010）的研究基于资源依赖理论检验了CEO权力对董事会资本与企业战略转型关系的调节作用，研究结果表明，CEO权力的增大会削弱董事会资本宽度对战略转型的影响，CEO权力对董事会资本深度与战略转型的关系则没有显著影响。周建等（2015）的研究检验了CEO的权力强度与企业战略风格的关系以及差异化的制度环境对这种影响的作用。研究发现，CEO权力越大的企业，其战略风格越趋向于风险型；CEO权力越小的企业，其战略风格则越趋向于稳健型。地区制度环境约束性较弱的公司相对于约束性较强的公司，其CEO权力强度对公司战略风格的影响更强。Pearce II和Zahra（1991）的研究结果表明相对于CEO权力来说的强权董事会能带来更为优秀的公司财务绩效。Jiraporn等（2012）分析了CEO权力与分析师覆盖面的关系，研究发现CEO权力较大的公司的分析师数量较少。

第三节　CEO特征与能力视角下的企业财务决策研究相关文献综述

CEO通常被认为对制定公司战略方向、计划以及实现这些计划的引导行为负有主要责任（Calori et al., 1994; Gioia和Chittipeddi, 1991），而CEO特征和行为是企业战略形成和实施过程中的关键要素之一。CEO特征和行为与企业财务决策之间关系的研究主要包括CEO性格特质（Herrmann和Nadkarni, 2014）、来源（Zhang和Rajagopalan, 2010）、薪酬（Carpenter, 2000）以及继任（Nakauchi 和 Wiersema，2015）等 CEO 特征与行为对企业财务决策的保障与约束作用。已有 CEO 特征与行为视角下的企业财务决策研究则可以根据企业财务决策的主要内容从 CEO 特征与能力对企业资本结构、投资决策以及股利分配政策等财务决策的三个方面主要内容的影响来进行综述。

一、CEO 特征与能力视角下的资本结构决策研究现状及述评

自 Hambrick 和 Mason（1984）提出"高层梯队理论"（Upper Echelons Theory）以来，大量研究发现管理者性别、学历、任职经历等个人特征的差异会导致其行为选择的差异，进而影响公司决策。已有关于 CEO 特征与能力对企业资本结构的影响的研究主要是从 CEO 人口统计学特征、CEO 心理学特征以及 CEO 权力三个方面进行（见图2.1）。CEO 人口统计学特征视角下的研究主要是考察 CEO 个人的任期、财务经历、薪酬特征等人口统计学特征对企业资本结构决策的影响。如，贾明琪等（2012）从资本结构动态调整的视角分析了 CEO 背景特征与资本结构决策的关系，研究结果表明，CEO 为男性、年龄较大、学历较高时，资本结构动态调整的效果更好；但是 CEO 与董事长两职兼任时资本结构调整的效果则会变差。姜付秀和黄继承（2013）以2002—2008年发生 CEO 变更事件的中国上市公司为研究对象，检验了 CEO 财务经历对企业资本结构决策的影响。研究结果表明，拥有财务经历的 CEO 提高了公司的负债水平，加快了资本结构的调整速度，降低了资本结构的目标偏离程度，这说明 CEO 的财务经历对公司的资本结构决策具有显著的正面影响。然而，研究也发现只有当第一大股东持股比例较低的情况下，CEO 的财务经历才能对公司的资本结构决策具有显著的正向影响。Ranti（2013）研究了尼日利亚上市公司中董事会规模和 CEO 与董事长两职合一对公司资本结构的影响。研究结果表明董事会规模越大，公司的负债权益比例越低；CEO 与董事长两职合一与公司的负债权益比显著正相关。Brisker 和 Wang（2017）研究了 CEO 的内部负债和资本结构动态性之间的关系，债务类型的薪酬（内部负债）加剧了 CEO 和股东间风险偏好的差异，进而影响企业资本结构决策。研究发现，在过度杠杆的公司，CEO 的内部负债比率越高（如，内部负债在总激励薪酬中的占比），公司负债比率越低，负债比率向股东所期望的水平调

整得越快。最有利于公司资本结构再平衡的CEO的内部负债比率大约是公司的市场负债比率的10%。CEO行为视角下的企业资本结构决策研究主要是从CEO套期保值等行为的角度分析其对公司资本结构决策的影响。Dunham（2017）的研究表明CEO持股中非限制性股份和限制性股份的构成是影响公司资本结构决策的关键决定因素之一。CEO所持有的限制性股份的比例越高（越低），公司的负债比例越高（越低）。CEO心理学特征方面的研究主要是分析CEO过度自信、个人风险偏好等心理特征对公司资本结构决策的影响。如，肖峰雷等（2011）研究了CEO过度自信对公司财务决策的影响，研究结果表明，CEO过度自信的公司具有更多的投资支出，长期负债比率更高。Cronqvist（2012）发现CEO个人行为偏好与他们所在公司的杠杆决策之间具有一致性，CEO们会将他们的个人偏好印记于他们所管理的公司，尤其是当治理较弱时。

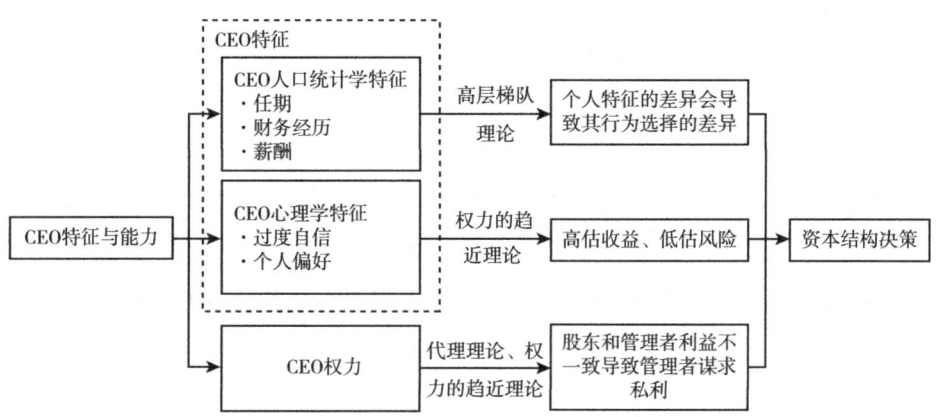

图2.1　CEO特征与能力视角下的企业资本结构决策研究

关于CEO权力与公司资本结构之间关系的研究近期才有少数几篇出现。其中，Chintrakarn等（2014）从CEO薪酬的角度研究了强权CEO与公司资本结构决策之间的关系，研究结果表明，强权CEO会消极地看待杠杆，并且避免高负债。然而，只有当CEO的权力得到充分巩固时，他们才会采用次优杠杆。而相对较弱的CEO不会刻意回避杠杆，因此，CEO权力对公司的资本结构决策的影响是非单调的。这一结论表明只有当管理者在公司产生足够影响时代理问题才会导致自利性行为。Chao等（2017）以2009—2013年中国中小企业为研究样本，检验了CEO权力与公司资本结构之间的非线性关系。研究表明，CEO权力的阈值确实存在于CEO权力与公司杠杆之间的关系中。在"低CEO权力"公司中，CEO权力的提高会显著提高公司杠杆；而在"高CEO"制度下，CEO权力与公司杠杆之间则呈现负相关关系，但是这种相关关系并不显著。Li等（2017）以2009—2013年深圳证券交易所的297家中小企业的董事会为研究对象，他们研究了CEO的决策权和公司资本结构决策之间的关系。研究发现CEO权力和公司杠杆之间存在一种"驼峰"形的关系。进一步的研究发现，CEO权力对公司杠杆的强化作用在国有企业中更为强烈。Korkeamäki等（2017）考察了CEO将他们的个人杠杆偏好印记于他们所管理的公司的倾向。研究结果表明，CEO的个人杠杆和公司杠杆之间存在匹配关系，但是这种关系集中于CEO更有权力（任期更长或两职合一）的公司。进一步的研究发现当CEO的个人财富有一定比例投资于公司的股权时会负向调节这种关系。

现有CEO与公司资本结构决策之间关系的研究主要集中于CEO特征，包括人口统计学特征和心理特征，对公司资本结构决策的影响。仅有少数几篇近期出现的研究对CEO权力与公司资本结构之间的关系进行了探索。但是，这些研究普遍存在着缺少对CEO权力衡量指标的逻辑模糊，研究对象聚焦于某一类企业，如中小企业，以及理论视角单一的问题，并没有得出统一的结论。因此，关于CEO权力与企业资本结构决策的关系问题仍然有待进一步探索。

二、CEO特征与能力视角下的投资行为研究现状及述评

现有CEO特征与能力视角下的企业投资行为研究主要是从CEO的人口统计学特征、心理学特征以及CEO权力三个方面探究其对企业投资行为的影响（见图2.2）。其中，CEO人口统计学特征对企业投资决策的影响主要是从CEO是否是创始人、任期、职业经历、声誉等方面考察其与企业投资决策之间的关系。如，Fahlenbrach（2009）的研究发现CEO是创始人的公司在研发方面投入更多，有更高的资本支出并且进行了更多的具有特定目标的并购，如，行业内并购、小规模并购。李培功和肖珉（2012）检验了我国上市公司

的 CEO 任期对公司投资水平和投资效率的影响。研究发现，CEO 任期越长（短），企业的投资水平越高（低），且国有企业与非国有企业的表现一致。但是，国有企业与非国有企业在 CEO 任期与企业投资效率的关系上表现不尽相同：国有企业的 CEO 任期越长会导致企业过度投资问题越严重，而预期任期越短则能够缓解企业的过度投资问题；非国有企业的 CEO 任期则与企业过度投资程度没有显著相关关系。Hu 和 Liu（2015）研究了 CEO 的职业生涯经历对公司投资决策的影响。研究发现，拥有更加多样化职业经历的 CEO 所在的公司会表现出更低的投资—现金流敏感性并且会利用更多的外部资金，包括银行贷款和贸易信贷。这种效应在财务受限的公司中会更为明显。曹国华等（2017）分析了 CEO 声誉与投资短视行为之间的关系。研究发现，非国有上市公司的 CEO 声誉越高，CEO 越可能进行投资短视行为；而国有上市公司中 CEO 声誉并不会显著影响 CEO 投资的短视行为。饶育蕾等（2012）从 CEO 职业生涯关注的视角研究了 CEO 短视投资行为的动机，研究发现，CEO 的职业生涯关注与投资眼界的长短呈现显著的倒"U"形关系，即职业生涯关注高和低的 CEO 具有显著的短视投资行为，而处于职业生涯中期的 CEO 则具有更加长远的投资眼界；CEO 职业生涯关注与投资眼界之间的倒"U"形关系受 CEO 任职来源的影响，内部晋升相对于外部聘任的 CEO 具有更强的投资短视倾向；CEO 持股比率则与投资眼界呈现显著的负相关关系，即 CEO 持股会增加上市公司的短视投资行为。张庆和朱迪星（2014）构建了考虑管理层持股影响下的企业迎合投资行为的理论模型，分析了管理层持股对企业迎合投资行为的影响。研究结果表明，管理层持股对企业的迎合投资行为具有显著的抑制作用，但是在企业市场价格被高估和低估的情况下，这种抑制作用有所差异。当企业市场价值被高估时，管理者持有高限制性股份的比例越多，越能够抑制企业的迎合投资行为；当企业价值被低估时，管理者持股比例的提高，如高管、董事会成员以及整个管理层的持股水平，都能够抑制企业的迎合投资行为。也有研究考察了 CEO 变更对企业投资行为的影响。如，Weisbach（1995）检验了 CEO 变更与新收购部门的剥离之间的关系，实证结果表明，发生 CEO 变更的时候，企业剥离亏损或被媒体认为无利可图的并购的可能性会增加。

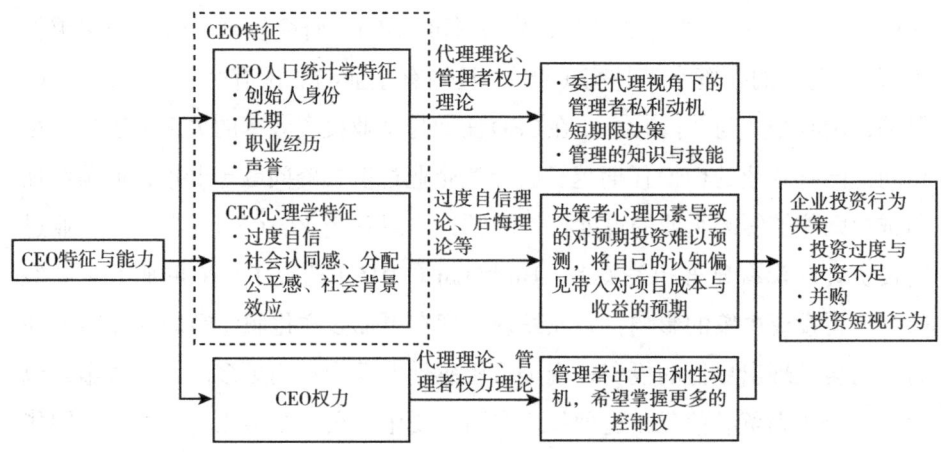

图2.2 CEO特征与能力视角下的企业投资行为决策研究

  CEO心理学特征对企业投资行为决策的影响主要是从CEO过度自信等心理因素的角度考察企业投资决策的差异。Malmendier和Tate（2005）从管理者过度自信的角度解释公司投资问题。研究发现，过度自信的管理者高估了他们投资项目的回报并且认为外部资金成本过高，因此，当他们有充足的内部资金时，他们就会过度投资，但是当他们需要外部融资时，他们就会减少投资。过度自信的CEO的投资对现金流的反应更加敏感，尤其是在股票依赖型公司。张瀛之等（2017）根据行为经济学理论和心理学理论，分析了决策者心理因素对企业知识资本投资行为异化的影响。研究以高管团队特征作为决策者心理因素的代理变量，结果表明，团队内部薪酬差距越大，高管兼职的比例越大，团队的整体规模越大，企业知识资本投资就越趋向于投资不足；而高管团队持股异质性越大，企业知识资本投资则越趋向于投资过度。基于此，研究认为高管团队成员的社会认同感、分配公平感以及社会背景效应等决策者的心理因素对企业知识资本投资行为异化具有显著的影响。

  探究CEO权力与企业投资行为决策之间关系的研究较少，Dutta等（2011）通过1997—2005年加拿大并购数据库的数据检验了CEO权力、相应的并购活动和并购宣告的市场反应之间的关系。研究表明，并购宣告的市场反应与CEO权力不相关。拥有更多相对权力的CEO进行了更多的并购，这种并购会增加公司的规模并且允许CEO要求更高的薪酬水平来管理更大的资产池以及获得与公司规模相对应的更高的绩效激励。谢佩洪和汪春霞（2017）以2010—2015年我国A股制造业上市公司为研究对象，从企业生命周期的动态视角研究了公司管理层权力对投资效率的影响。研究结果表明，对于成长期的企业，CEO与董事长两职兼任、管理层持股和股权制衡结构会加重过度投资；对于成熟期的企业，这些管理层权力变量则会加重投资不足；对于衰退期的企业，两者之间则没有显著相关关系。

现有CEO特征与能力视角下的企业投资行为决策研究主要是从CEO人口统计学特征、心理学特征的角度探究其对企业过度投资、投资不足、并购行为、投资短视行为等投资行为决策的影响。仅有少数研究考察了CEO权力对企业投资行为决策的影响。但是，这些研究存在着理论视角单一、对CEO权力的衡量逻辑不清等问题，因此，有必要对CEO权力与企业投资行为决策的关系进行进一步的探索。

三、CEO特征与能力视角下的股利分配政策研究现状及述评

已有CEO特征与能力视角下的股利分配政策研究主要是从CEO人口统计学特征、心理学特征以及权力三个方面研究其对公司股利分配政策的影响（见图2.3）。其中，基于CEO人口统计学特征的研究主要是从CEO薪酬特征的视角考察其与股利分配政策的关系。如，White（1996）研究了高管薪酬合同中股利条款的使用是如何影响公司股利政策的。研究以油气、国防/航天以及视频加工业中的大型公司为研究对象，因为这些公司内的与股利相关的代理成本很高。研究结果表明，薪酬计划中股利激励的存在与较高的派息和收益率以及股息水平的年度变化正相关。Minnick和Rosenthal（2014）研究了隐性薪酬对公司股利支付比率的影响。公司可以通过对未行权的限制性股票支付股息的方式来增加高管薪酬，被认为是隐性薪酬。研究结果表明，有隐性薪酬的公司比没有隐性薪酬的公司拥有更高的股利支付比率。吕长江和张海平（2012）也研究了我国股权激励计划背景下的公司的股利分配行为。研究发现，推出股权激励方案的公司相对于非股权激励公司，更倾向于减少现金股利的支付；股权激励公司在激励方案推出后的股利支付比率小于推出前的股利支付比率。

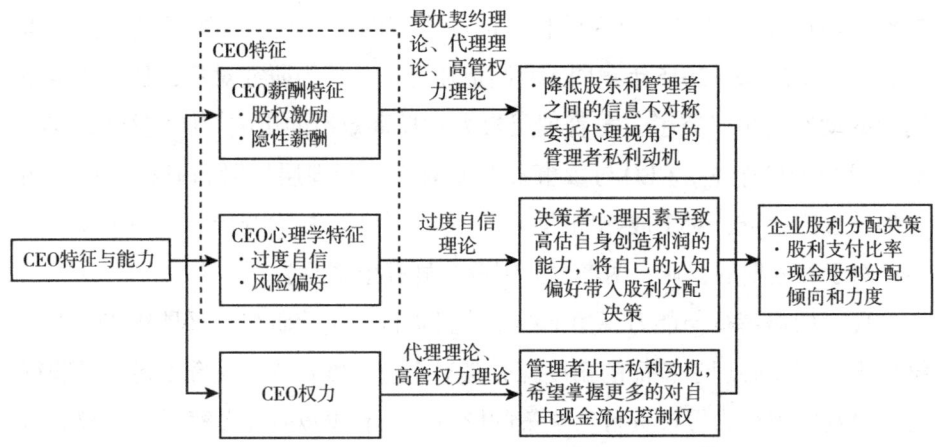

图 2.3 CEO 特征与能力视角下的企业股利分配政策研究

CEO心理学特征视角下的股利分配政策研究主要是从CEO风险偏好和CEO过度自信的角度分析其对公司股利分配政策的影响。如，Caliskan和Doukas（2015）使用内部负债（如退休金和递延薪酬）以及CEO股票薪酬对股票价格变动的敏感性作为CEO风险规避的代理变量检验了CEO风险偏好对股利支付政策的影响。他们认为高股利支付作为投资于价值增长的项目的对立面来说是一种保守的企业政策。研究发现，拥有更低的风险容忍度的CEO更倾向于支付股利，而拥有更高风险容忍度的CEO更不倾向于支付股利。Deshmukh等（2013）研究了CEO过度自信对公司股利分配政策的影响。研究发现，过度自信的CEO认为外部融资成本过高，因此为了对未来的投资构建财务缓冲需要减少现在的股利支付。由过度自信的CEO管理的公司的股利支付水平大约要低1/6，而且这种由CEO过度自信导致的股利削减在低增长机会和低现金流的公司更严重。陈其安等（2010）分析了上市公司高管人员过度自信对公司股利分配政策的影响。研究发现，当公司高管人员对未来经营环境持乐观态度时，其过度自信程度的提高会带来公司现金股利分配水平的提高；当高管人员对未来经营环境较为悲观时，高管人员的过度自信程度的提高则会带来现金股利分配水平的下降。陈其安和方彩霞（2013）通过改进对上市高管人员过度自信的度量方法，进一步研究了我国上市公司高管人员过度自信心理对公司股利分配政策的影响。研究发现，我国上市公司高管人员过度自信与公司股利分配决策具有显著的正相关关系。

此外，还有少数学者研究了CEO权力对公司股利分配政策的影响。其中，冯慧群和马连福（2013）基于代理理论和信号理论考察了CEO权力对董事会特征与现金股利政策关系的调节作用。研究表明，CEO权力会减弱董事会网络性和稳定性对现金股利分配倾向的正向影响。张春龙和张国梁（2017）研究了高管权力对公司现金股利政策的影响及其价值效应。研究发现，高管权力的增大降低了公司现金股利的分配倾向和力度。此外，高管权力也损害了现金股利的边际价值。

现有CEO特征与能力视角下的企业股利分配政策研究主要是从CEO的股权激励特征、过度自信和风险偏好等心理学特征的角度探究其对股利分配政策的影响。仅有少数研究考察了CEO权力与股利分配政策的影响，且主要是以代理理论为基础集中于CEO权力对现金股利政策的影响分析，同时也缺乏对CEO权力的衡量逻辑分析。因此，仍有必要对CEO权力与股利政策的关系进行更为深入地探讨。

第四节 环境与组织关系研究的相关文献综述

关于企业外部环境与组织决策之间关系的研究主要从效率机制和合法性机制两个视角来解释，且大多基于产业理论、种群生态理论和制度理论等探究环境不确定性对企业战略的影响（邓新明和田志龙，2010；武立东等，2012）。

一、效率机制视角下的环境与组织关系研究

一些研究认为战略选择的初衷是为了适应环境的不确定性要求，从效率机制的视角看，只有适应内外部环境的变化，选择合适的战略，企业才能够生存和发展。

其中，最具代表性的应该是基于产业组织理论的研究，早期最具代表性的研究基于"结构—行为—绩效"的理论框架（Mason，1949；Bain，1959），

即产业结构决定企业行为，而企业行为又决定企业绩效。该理论的代表人物Porter（1980，1985）提出了著名的"定位理论"，即企业的成功与否主要取决于所在行业的发展状况及其自身定位。市场行为或企业战略是外部特定环境的反映（Porter，1981），强调了不同产业环境对组织战略和绩效的决定作用。因此，战略管理的重点是选择高增长的行业和富有吸引力的市场。

种群生态理论（Hannan 和 Freeman，1977）认为，对于企业个体而言，外部环境强大的压力会导致其生存概率极其有限，企业自身只能在一个狭窄的范围内以高度的差异化被动地适应外部环境，否则会被淘汰（Miller，1990），即组织最优战略是专注特定生存空间，并最优化其效率以谋求生存和发展（Astley 和 Ven，1983）。

相对于种群生态理论，制度理论更加详细地阐述了环境是如何影响组织行为，特别是以什么样的方式来主导组织的战略选择（何铮等，2006）。基于制度理论的战略观认为，战略选择要受到决策者在特殊的制度框架下面临的正式的和非正式因素的影响。此时制度不再是被视为企业选择和行动背景的外生变量，而是制定战略的至关重要的"内生变量"。因此，企业的战略决策不仅会受到高层管理者的影响，还会受到企业内外部制度环境的影响。Scott 和 Christensen（1995a）指出，"虽然其他理论视角也承认环境的重要性，但是制度学派更强调大范围环境的影响。组织不仅受当前情境的制约，也受过去历史的影响。组织所处的不仅是一个进行资源交换、投入和产出的技术系统，更是一个有行动者和文化构成的社会系统。简言之，制度视角强调那些制约组织的非本地、历史、关系和文化的力量"。制度基础观的提出引发了一系列有关制度环境对战略的影响的研究。如，Li 和 Atuahene-Gima（2001）研究了制度支持在产品创新战略和绩效之间的调节作用；Allen 等（2004）认为在中国，企业通过声誉和关系来降低制度环境不确定性带来的成本；Hitt 等（2004）比较了中国和俄罗斯不同的制度环境对企业选择战略伙伴的不同作用；Peng 等（2005）整合了一个框架研究制度对多元化战略的影响；庞长伟和李垣（2011）认为，不同的企业内外部环境条件可能导致企业的战略模式和市场导向随之改变。

二、合法性机制视角下的环境与组织关系研究

另外,还有一些研究基于组织社会学中的制度理论,研究组织行为和结构的趋同机制,即合法性机制。基于制度理论的组织合法性机制又可以进一步细分为强制机制、模仿机制和规制机制三类(Dimaggi 和 Powell,1983)。强制机制是指制度环境强迫组织采取某种结构,强制的主体极有可能是法律法规,也有可能是该组织所依赖的其他组织。模仿机制是指当环境存在不确定时,组织会模仿那种被其他企业普遍采用的组织形式;如果组织不模仿,则会受到来自制度环境的压力。而规范机制作用的发挥则依赖于组织中专业人士的存在,由于专业人士可能受过相似的教育导致他们的思维方式趋同,进而使组织结构趋同。另一种可能是由于这些专业人士跨组织任职,如连锁董事,共同任用同一名专业人士的两个组织极有可能采取相同的组织结构。

企业作为一个社会组织,不仅受效率机能驱动,也需要通过组织合法性满足制度环境的要求。周建等(2015)认为,"企业战略行为的合法性机制表现为:企业的战略决策行为需要得到企业内外部利益相关者的认同与支持,遵循组织场域中的社会秩序模式,最终表现为企业战略行为对制度环境的遵从和适应"。面对制度环境的要求或者压力,组织会采取默认或遵守的策略来获取合法性。制度理论学派的学者认为,组织应寻求合法性和社会认同,而且制度关系的建立有助于组织展示其社会合法性以及遵守制度规则、规范和管制(邓新明和田志龙,2010)。Tolbert等(1983)通过对美国各城市政府公务员制度的研究表明,最初采纳公务员制度的城市主要是出于对效率的考虑,而后期,基于合法性考虑的制度环境压力则是主要动因。此外,制度环境的合法性机制不仅约束组织行为,也可以帮助组织提高社会地位并得到社会认可,在一定程度上有利于效率的提高。

三、环境与组织关系的研究述评

基于以上分析,现有关于环境与组织决策关系的研究主要是从组织外部环境的角度从效率机制和合法性机制两个维度研究外部环境对企业战略的影响。基于产业理论的研究认为不同的产业环境对组织战略和绩效具有决定性

作用，高增长的行业和富有吸引力的市场是企业战略决策的重中之重；基于种群生态理论的研究认为外部环境压力会使企业生存空间受限，企业应该高度专注于特定生存空间，优化效率谋求生存和发展；基于制度理论的战略观认为企业的战略决策不仅会受到高层管理者的影响，还会受到企业内外部制度环境的影响。制度环境不仅会约束组织行为，也可以帮助企业获得社会认可，提高社会地位的同时提高企业效率。但是，已有研究也存在研究视角和研究内容上的不足：第一，现有研究主要探究了外部环境不确定性对企业战略的内生性影响，忽略了环境作为战略决策的情境要素的影响。外部环境对组织战略的影响路径不仅有直接影响，作为情境变量也会对管理者作出战略决策的具体情境产生影响。因此，本书在研究CEO权力与企业财务决策关系的基础上进一步考察了环境作为情境变量对二者关系产生的影响。第二，现有研究主要考察了企业外部环境对企业战略的影响，而忽略了企业内部情境，如绩效压力对企业战略的重要影响。企业外部环境会影响管理者制定战略决策的具体情境，而内部情境要素也会在一定程度上影响企业战略决策的制定。因此，本书在研究CEO权力对企业财务决策影响的基础上，进一步考察了内部业绩压力对二者关系的影响。

03 第三章

CEO权力对企业财务决策的影响机理分析

第一节 公司治理框架下的CEO权力

一、CEO权力的界定

权力是控制他人或环境不确定性的能力，也是个体行为者行使意愿的能力（Finkelstein，1992）。个体的权力能够发挥影响从而在某种程度上改变个人或团体的行为（Pfeffer，1981；Bourgeois 和 Eisenhardt，1988）。Finkelstein（1992）根据权力的来源将高管权力划分为结构性权力、所有权权力、专家权力以及声望权力四个维度。大部分已有研究缺少对CEO权力的清晰界定，并且采用CEO任期、两职合一（Korkeamaki et al.，2017）、CEO薪酬（Adams et al.，2005；Chintrakarn et al.，2014；韩立岩和李慧，2009）等不同的指标作为CEO权力的代理变量。实际上，现有研究对CEO权力定义的缺失和度量方法的多样化主要是由以下两个方面导致的：一方面，CEO作为特殊的高管团队成员，具有区别于其他高管成员的特征，而这些独特的特征使CEO的权力区别于其他高管的权力；另一方面，不同研究的研究问题和研究情境具有显著差异，对CEO权力的界定也应该设置具体的研究情境。

Daily 和 Johnson（1997）指出CEO作为高管团队的核心成员，占据着对公司有独特影响的位置（Vance，1983；Pfeffer，1992；Roth，1995），而这种影响并没有被充分认知。此外，也有证据表明CEO拥有独特的属性和品质，而这些属性和品质则与高管团队成员之间有着显著差异，如，公司的影响（任期、职能）、背景影响（教育、婚姻状况）以及自我概念（管理风格）（Norburn，1989）。因此，CEO是高管团队中具有独特属性和品质的个体，其特征和能力也会对公司决策产生独特的影响。我们通常认为CEO是公司治理框架下在公司决策的制定中扮演着重要角色的特殊高管。而权力则是具有特定情境或关系的，并且只在特定的社会关系中才会与其他社会角色有关（Pfeffer，1981）。然而，大多数关于CEO权力的研究都忽略了它的相对性和特殊性。

基于此，本书充分考虑CEO权力的相对性和特殊性，将CEO权力置于公司治理框架下进行定义和度量，充分考虑CEO作为高管团队核心成员的特殊性以及其他主要的内部公司治理主体对其权力的影响。根据Pfeffer（1981）对权力的解释，本书将CEO权力定义为在公司治理情境下，由CEO自身特征以及CEO与其他治理主体之间的相互制衡关系产生的CEO影响其他治理主体行为，控制环境不确定性的能力。

二、维度和指标的选取

在公司治理的动态框架下，CEO权力不仅受到个人特征的影响，也受到股东权力和董事会权力的约束。因此，本书构建了一个CEO权力模型，从股东、董事会和CEO个人三个维度来衡量CEO权力。图3.1是本书构建的CEO权力的三维度模型，采用了改进的模糊层次分析法（An Improved Fuzzy AHP）对模型中的每个维度和指标赋予了相对权重。

第一，在股东层面，CEO持股和CEO在股东单位担任董事长可能直接影响CEO权力的大小。此外，如果CEO任职的公司股权分散，那么，CEO则有可能由于缺少大股东的股权制衡而获得更大的权力。公司的所有权性质也是影响CEO权力大小的重要因素，因为国有企业的CEO通常由政府任命（Fan et al.，2007），而他们的决策也通常受到任命他们的政府机构的影响，进而削减了CEO的权力。因此，本书使用CEO持股、CEO是否在股东单位担任董事长、股权集中度、股权制衡度、股权性质五个指标来度量股东层面的CEO权力。

第二，在董事会层面，CEO能够影响或控制董事会决策的程度决定了CEO权力的大小。如果CEO或其他高管团队成员同时是董事会成员，则CEO更有可能直接或间接地影响董事会的决策。当CEO或高管团队成员是董事会成员时，董事会中内部人的存在有利于强化CEO对董事会的影响，削弱董事会的独立性和监督作用（Fracassi和Tate，2012；Hermalin和Weisbach，1998）。因此，本书用CEO是否兼任董事长和董事会中的内部人比例两个指标来度量董事会层面的CEO权力。

第三，在CEO个人层面，一些CEO的个人特征对CEO权力有重要的影响。当CEO是公司创始人时，他比作为代理人的CEO在公司战略决策中扮演着更为重要的角色，因为创始人CEO在管理公司时在激励、知识、价值观、知识和态度方面与代理人CEO有着本质上的不同（He，2008；Souder，Simsek和Johnson，2012）。创始人CEO更倾向于保持公司的控制权（Fahlenbrach，2009）。因此，创始人CEO可能会比职业经理人在公司的方向上行使更大的权力。此外，如果CEO是内部晋升而非外部聘任的，则他可能拥有更多的内部社会资本来获取更高的沟通和决策效率，从而加强了他的权力。而CEO任期越长，他对董事会和内部信息的控制也会逐渐增加（Fredrickson et al.，1988），进而强化他的权力。CEO在其他公司担任董事职务能够强化他的社会网络，增加他从外部获取资源的能力（Mizruchi和Stearns，1988）。具有政治关联的CEO能够使公司接触到具有政策和监管影响以及行政权威的政治资源，帮助公司减少外部融资约束，提高资源获取能力（Fan et al.，2007；Liu et al.，2016）。因此，本书使用CEO是否是创始人、CEO是否是内部晋升、CEO任期、CEO担任董事的公司数量以及CEO是否具有政治背景五个指标来度量个人层面的CEO权力。

三、权重的确定

在公司治理框架下识别了CEO权力的主要维度和指标后，接下来要考虑的是各维度和指标的权重。为了合理地估计这些维度和指标的权重，我们需要一种合适的方法来比较各维度和同维度不同指标间的重要性。Saaty（1990）提出的层次分析法被广泛应用于多目标决策分析。层次分析法（Analytic Hierarchy Process，AHP）是指将一个复杂的多目标决策问题作为一个系统，将目标分解为多个目标或准则再分解为多指标（或准则、约束）的若干层次，通过定性指标模糊量化方法算出层次单排序（权数）和总排序，从而作为目标（多指标）、多方案优化决策的系统方法（余飞，2007）。整体看来，层次分析法适用于多目标、多准则、多时期等的系统评价，以综合的思维进行系统决策，通过将单一因素对整体结果的影响程度量化，将研究对象作为一个整体系统进行分解、比较、判断。而改进的模糊层次分析法结合了模糊理论和层次分析法从而为处理此类分析中可能存在的不准确提供了形式化的工具来量化潜在的模糊性（Chan et al., 2008）。李永等（2005）改进了传统的层次分析法，用模糊一致性判断矩阵代替了互反型判断矩阵，解决了由于主观认知和客观实际的差异性以及使用标度度量事物的不准确性所导致的判断矩阵不满足一致性条件，需要进行一致性检验和修正的问题。改进后的模糊层次分析法既解决了判断矩阵的一致性问题，也解决了解的收敛速度和精度问题，用这种方法求得的排序向量与实际更相符。前文通过界定CEO权力并确定了相应的维度和指标构建了CEO权力的三维度模型，本书希望将CEO权力整体作为一个多目标决策的系统，将不同维度和不同维度下的指标作为分解后的层次，通过模糊量化的方法计算出各层次的权重，进而确定CEO权力作为一个整体系统进行判断。

在CEO权力不同维度和指标的确定上，由于需要比较不同维度以及同一维度不同指标之间的重要性导致可能存在潜在的主观认知和客观实际的差异性和使用标度度量的不准确性问题。因此，改进后的模糊层次分析法是估计本书构建的CEO权力的三维度模型中的每个维度和每个指标权重的合适方法。本书根据李永等（2005）改进的模糊层次分析法计算除了模型中每个维度和指标的权重。计算步骤如下：

第一步，运用三标度法构建互补型的模糊判断矩阵，$F = \left(f_{ij} \right)_{n \times n}$，被称为优先判断矩阵。

$$三标度法 \begin{cases} 0, & A比B差 \\ 0.5, & A和B相等 \\ 1, & A优于B \end{cases}$$

由于一共有三个维度且每个维度下都有若干个指标，本书将三个维度构建一个优先判断矩阵，并将每个维度内部的指标再分别构建优先判断矩阵，因此，一共构建了四个判断矩阵。在构建这些优先判断矩阵时，本书比较了不同维度和同一维度下不同指标的相对重要性。在构成CEO权力时，那些对CEO权力具有直接影响的维度和指标相对于那些间接影响CEO权力的维度和指标具有更高的重要性。在这种背景下，本书认为董事会和个人维度对CEO权力的影响相对于股东维度的影响来说更为直接，因此在优先判断矩阵中赋予了更高的重要性。在股东维度下，CEO在股东单位担任董事长、企业性质以及股权集中度被赋予了比CEO持股（样本中仅有37.43%的CEO持有公司股份且大多持股比例不高）和股权制衡度更高的重要性。类似的，在董事会维度下，本书赋予了CEO是否兼任董事长变量比董事会中内部人比例更高的重要性。在CEO个人维度下，CEO是否是创始人和CEO是否有政府背景被赋予了比CEO是否内部晋升、CEO任期和CEO担任董事的公司数量更高的重要性。在对每个维度和同一维度下不同指标的重要性进行排序后得到了四个优先矩阵，然后将四个优先矩阵分别代入第二步。

第二步，对优先矩阵的每一行求行和，然后利用转换公式 $r_{ij} = \dfrac{r_i - r_j}{2n} + 0.5$ 将模糊判断矩阵改造为一致性判断矩阵 $R = (r_{ij})_{n \times n}$。

第三步，利用和行归一法 $W^{(0)} = (w_1, w_2, \cdots, w_n)^T = \left[\dfrac{\sum_{j=1}^{n} e_{1j}}{\sum_{i=1}^{n} \sum_{j=1}^{n} e_{ij}}, \dfrac{\sum_{j=1}^{n} e_{2j}}{\sum_{i=1}^{n} \sum_{j=1}^{n} e_{ij}}, \cdots, \dfrac{\sum_{j=1}^{n} e_{nj}}{\sum_{i=1}^{n} \sum_{j=1}^{n} e_{ij}} \right]$

计算排序向量。

第四步，利用转换公式 $e_{ij} = \dfrac{r_{ij}}{r_{ji}}$ 将互补型判断矩阵变为互反型判断矩阵 $E = (e_{ij})_{n \times n}$。

第五步，用排序向量 $W^{(0)}$ 作为特征值法的迭代初始值，并进一步求精度更高的排序向量 $W^{(k)}$。

在第一步构建了初始优先判断矩阵后，将后面四步在Stata12.0中编写了相应的程序，最终求得了CEO权力每个维度和指标的权重系数。具体维度和指标的权重系数如图3.1所示。

基于以上分析和计算，本书最终构建了CEO权力的三维度模型并赋予了模型中每个维度和变量以合理的权重。

在界定了CEO权力，构建了公司治理框架下的CEO权力分析模型的基础上，本书从风险视角和信息不对称视角分别分析了CEO权力对债务融资决策、投资决策以及股利分配政策等企业财务决策的影响机理。

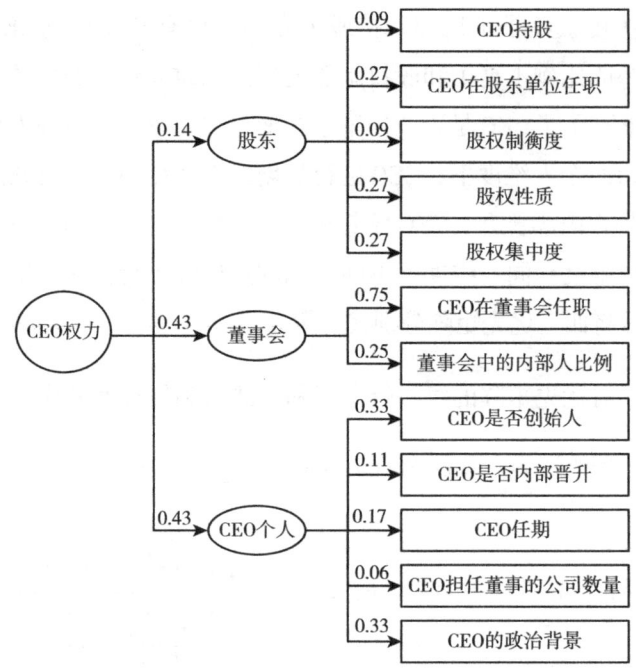

图 3.1　CEO 权力的三维度模型

第二节　CEO权力对企业财务决策的影响机理分析

一、委托代理视角下CEO权力对债务融资决策的影响机理分析

债务融资决策的相关指标会在短期内显现于公司财务报表，因此信息不对称程度较低的一类财务决策，会受到公司董事会和债权人的密切关注和严格监督。一旦负债水平过高影响公司资金的均衡有效流动和企业的总体长期发展，CEO将会面临很高的名誉、薪酬和离职风险。此外，债务融资存在还本付息的压力，一旦无法偿还，资金链断裂，会使企业陷入财务危机，甚至破产的风险。由于企业债务融资决策的信息不对称程度低，CEO决策风险高，

因此，CEO的风险规避动机被强化。

经典的委托代理理论认为公司所有者和经营者之间的合约关系实质上是两者之间权力的分配（Jensen和Meckling，1976；Finkelstein，1992）。委托代理理论隐含的基本假设是当公司所有权和控制权分离时，通常代理人比股东更加风险厌恶（Jensen和Meckling，1976；Eisenhardt，1989）。由于委托人和代理人之间风险偏好上的差异，如果管理者有能力追求自利行为或者克服来自委托人的监督限制，那么他们可能会放弃那些高风险高收益的决策。因此，为了规避债务融资决策带来的风险，当CEO有能力克服来自委托人的严格监督，追求自利性行为时，他会舍弃那些高风险的企业债务融资决策。所以，CEO会更倾向于运用他们手中的权力规避相对高风险的外部债务融资，以避免受到债权人和董事会的严格监督，降低个人名誉、薪酬和离职风险。CEO权力对企业债务融资决策的影响机理如图3.2所示。

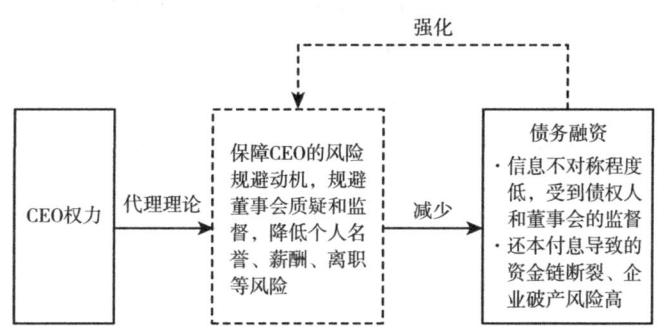

图3.2　CEO权力对企业债务融资决策的影响机理

二、权力的趋近视角下CEO权力对投资行为的影响机理分析

在投资决策中，由于投资项目的绩效一般无法立刻显现，短期内也难以量化，CEO与董事会之间的信息不对称程度较高，所以CEO拥有更高的自由裁量权。如果CEO投资决策失误，可以通过"外部归因"的方式将投资失误的责任归因于外部因素以减少压力，进而避免投资失误带来的负面评价（Phare et al.，1971；Davis和Davis，1972；Gilmor和Minton，1974）。此外，CEO也会使用"印象管理"（Bolino，1999）的手段使董事会认为他所制定的

高风险的投资决策是在"有所作为"或者"改变游戏规则"从而获得董事会的支持。因此，由于信息不对称程度较高，投资决策失误面对的风险相对较低，CEO的过度投资动机得以强化。

社会心理学家提出了趋近和抵制两大神经生物学行为系统作为生物体对环境反应的基本维度来解释不同的行为（Keltner et al., 2003）。不同的行为系统对个体动机、情感和行为的影响不同取决于哪一个系统正在发挥作用（Karniol和Ross, 1996; Lewellyn和Muller-Kahle, 2012）。根据权力的趋近理论，拥有权力可以触发行为的趋近系统，提高个体关注潜在回报，忽略潜在威胁的倾向（Anderson和Berdahl, 2002）；而低权力的个体由于面临更多的社会威胁和物质威胁，这些威胁对他们的行为施加了约束，使他们的认知和行为中呈现主导性的"抑制"反应（Keltner et al., 2003）。因此，随着CEO权力的强化，他们拥有更多的资源和更少的约束，从而触发了行为趋近系统发生作用，而行为的趋近系统则提高了CEO对风险的认知偏见，导致CEO更关注潜在的投资回报，忽略了潜在的投资威胁，因此更倾向于高风险的投资行为。基于以上分析，在企业投资决策中，随着CEO权力的提高，CEO可能低估投资风险，导致过度投资。CEO权力对企业投资决策的影响机理如图3.3所示。

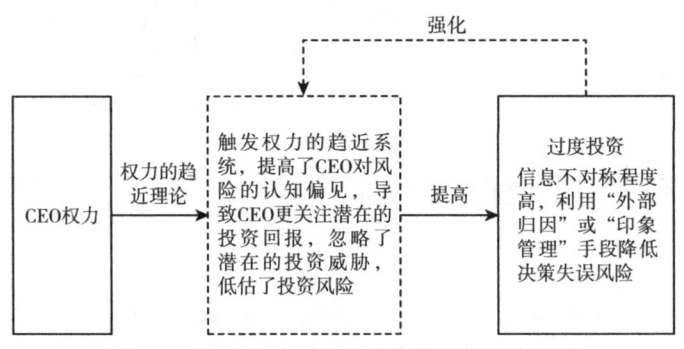

图 3.3　CEO 权力对企业投资行为的影响机理

三、信号传递视角下CEO权力对股利分配政策的影响机理分析

传统的委托代理理论认为管理者为了追求个人利益而不惜损害股东利

益，因此管理者会将获取的利润进行再投资从而扩大经营规模，提高个人的控制权。但是，代理理论忽略了现金股利在资本市场上的信号传递作用（Bhattacharya, 1979）。由于投资者大多奉行"在手之鸟"理论，对风险厌恶，认为通过留存收益再投资所获得的未来收益的风险高于当前实际得到的股利的风险。因此，在资本市场上，投资者通常会赋予股利分配较多的公司以更高的价值（Miller和Rock, 1985）。基于信号理论，管理者作为内部人可以通过现金股利的方式向外部传递信号，降低公司内部管理者和外部投资者之间的信息不对称程度，从而吸引投资者投资。

  随着权力的提高，CEO获得了更多的资源，面临更少的约束，通过留存收益再投资所获取的控制权提升的边际收益递减，而通过发放现金股利，向资本市场传递利好信号所带来的公司价值提高的边际收益递增。此时，CEO会更倾向于通过向资本市场传递利好信号的方式提高公司价值，进而提高个人收益。基于以上分析，本书认为随着CEO权力的提高，公司会更倾向于通过分配现金股利的方式向外部资本市场传递利好信号，提高公司价值。CEO权力对股利分配政策的影响机理如图3.4所示。

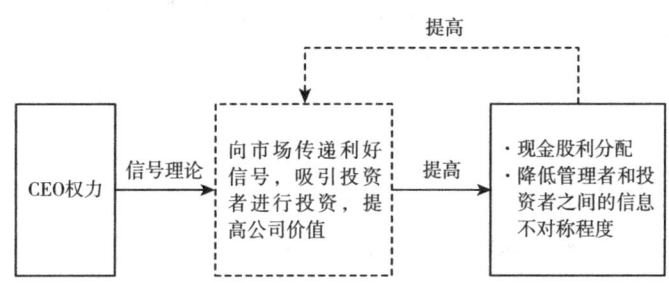

图3.4 CEO权力对股利分配政策的影响机理

四、CEO权力影响企业财务决策的整合模型

  本书分析了CEO权力对企业财务决策的三个方面主要内容——企业债务融资决策、投资行为和股利分配政策的影响机理，构建了CEO权力影响企业财务决策的整合模型，如图3.5所示。从委托代理的视角分析，当公司所有权和控制权分离时，CEO会比股东更加风险厌恶，当其有能力追求自利性行为或者克服来自委托人的监督限制，他会放弃那些高风险高收益的决策。因

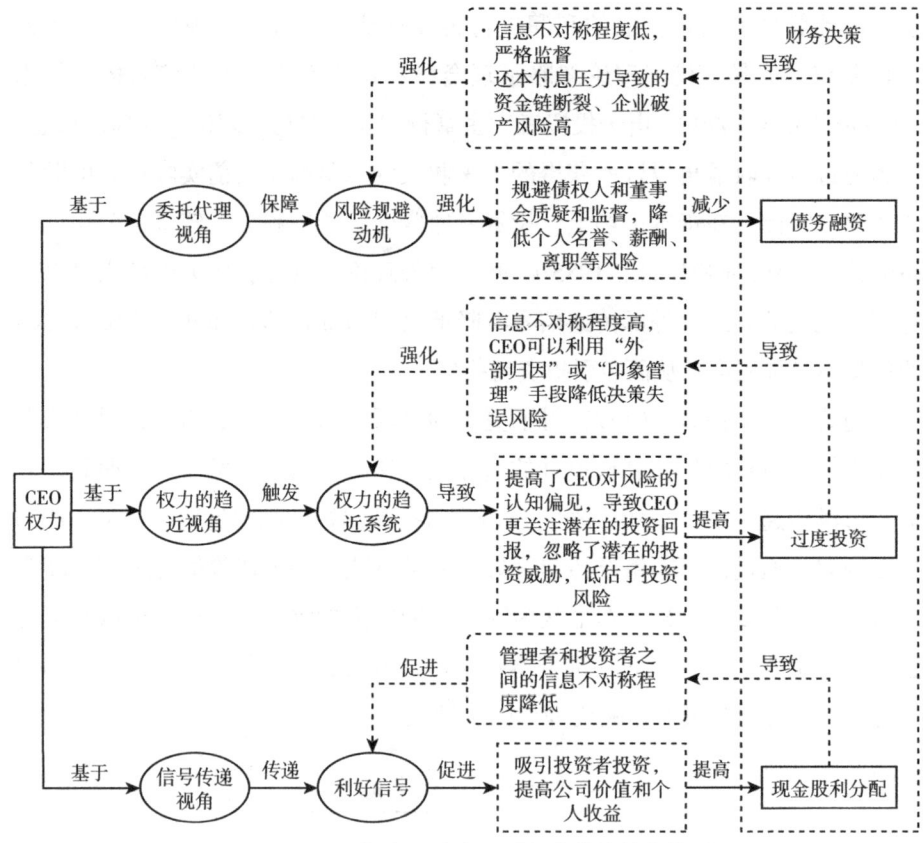

图 3.5　CEO 权力影响企业财务决策的整合模型

此，随着权力的提升，CEO 有能力保障个人的风险规避动机时，他会倾向于运用手中的权力规避高风险的债务融资决策，进而降低个人的名誉、薪酬和离职风险。此外，CEO 在进行企业债务融资决策时，由于债务融资决策的信息不对称程度低，会受到来自债权人和董事会的严格监督，而且债务还本付息的压力可能会导致资金链断裂风险和企业破产风险的增加，因此，进一步提高了 CEO 的风险规避动机。从权力的趋近视角分析，随着权力的提升，触发了权力的趋近系统起作用，提高了 CEO 对投资风险的认知偏见，导致其更关注潜在的投资回报，而忽略了潜在的投资威胁，进而更可能过度投资。此外，在进行企业投资决策时，由于投资决策的信息不对称程度高，CEO 拥有更高的自由裁量权，可以利用"外部归因"或"印象管理"的方式降低决策风险，进而强化了权力的趋近系统起作用，导致强化了 CEO 对投资风险的认知偏见，进一步提高了过度投资程度。从信号传递视角分析，在进行股利分配决策时，随着权力的提高，CEO 获得了更多的资源，面临更少的约束，通过留存收益再投资所获取的控制权提升的边际收益递减，而通过发放现金股利，向资本市场传递利好信号所带来的公司价值提高的边际收益递增。因此，相对于通过留存收益再投资获取控制权，CEO 会更倾向于通过向资本市场传递"利好信号"的方式提高公司价值和个人收益。综上所述，本书构建的 CEO 权力影响企业财务决策的整合模型厘清了 CEO 运用手中的权力影响企业财务决策的传导机制，从权力的视角考察了 CEO 对企业财务决策影响的保障机制，完善了现有企业财务决策驱动因素研究中"动机—能力—行为"逻辑链条中的能力环节，完善了现有企业财务决策驱动因素的逻辑框架。

第三节　内外部环境对 CEO 权力与企业财务决策之间关系的影响机理分析

差异化的企业内外部环境会影响 CEO 进行财务决策的具体情境，已有研究并没有对此进行深入探讨。本书将企业内部业绩压力和外部行业环境不确定性作为情境要素，分别考察了其对 CEO 权力与企业财务决策关系的影响。

一、业绩压力的影响机理分析

由于信息不对称和监督成本的存在，委托人难以监督代理人的实施过程，通常只能依据期末利润来评价代理人（陶瑞等，2016）。一旦企业利润下降，管理者将面临来自股东、董事会以及其他利益相关者的负面评价，也面临降低个人名誉、薪酬和离职的风险。此时，管理者在进行企业财务决策时面对的决策压力上升，为减轻决策压力，降低个人名誉、薪酬以及离职风险，CEO 的自利性动机会被强化。随着 CEO 权力的提高，他会更倾向于进行符合私利动机的财务决策来降低个人名誉和薪酬风险，稳固现有职位。具体来说，当企业的业绩压力较大时，CEO会受到来自债权人和董事会的压力和监督，在信息不对称程度较低的债务融资决策上更为审慎和风险规避，以避免决策失误增加个人名誉、薪酬以及离职的风险和压力。而企业面临的业绩压力较大时，CEO会更倾向于运用手中的权力进行过度投资"放手一搏"以减轻压力。即使投资失误，CEO也可以通过"外部归因"的方式将投资失误的责任归因于外部因素或者利用"印象管理"（Bolino，1999）的手段减少决策失误的压力，从而避免投资失误带来的负面评价（Phares等，1971；Davis和Davis，1972；Gilmor和Minton，1974）。此外，企业面临的业绩压力较大，没有足够的利润盈余，CEO会更倾向于留存收益用于企业再投资以减缓业绩压力。整体看来，当CEO进行财务决策时面对较大的业绩压力，他会更倾向于运用手中的权力制定符合个人自利性动机的企业财务决策从而减轻来自董事会和其他利益相关者的压力，降低个人可能面临的名誉、薪酬以及离职风险。

二、外部环境不确定性的影响机理分析

基于制度理论的战略观认为企业的战略决策不仅会受到高层管理者的影响，还会受到企业内外部制度环境的影响。制度环境不仅会约束组织行为，也可以帮助企业获得社会认可，提高社会地位的同时提高企业效率。但是，已有研究主要探究了外部环境对企业战略的内生性影响，忽略了环境作为战略决策的情境要素的影响。因此，本书在研究CEO权力与企业财务决策关系的基础上进一步考察了环境作为情境变量对二者关系产生的影响。

权变理论强调企业决策取决于环境条件，是对环境权衡的结果（Scott和Davis，2011）。组织的开放系统视角认为，公司决策与其所处的环境密切相关。公司在进行财务决策时必须考虑环境因素的影响（申慧慧等，2012）。当企业面临的竞争市场不稳定（Grimm et al., 2005）、竞争者的行为不可预测（Ferrier, 2001）或者得到的行业信息不够准确时，这些外部环境的不利因素会增加CEO作出正确财务决策的难度。因此，CEO为应对行业竞争环境的不稳定性、竞争对手行为的不可预测性以及行业信息的不准确性，会更为审慎地进行企业财务决策，进而强化了他们的风险规避动机。具体来说，当

企业面临的竞争市场不稳定,竞争者的行为不可预测或者得到的行业信息不够准确时,CEO在进行债务融资决策时固有的风险规避动机被强化,他们将更加依赖固有的个人经验和认知偏见来处理行业信息的不准确性,更为审慎地进行债务融资决策;CEO在进行投资行为时,由于无法掌握足够的市场信息,竞争性的不稳定的市场和不可预测的竞争者行为也都为CEO的决策增加了模糊性和任务难度。因此,CEO会更为审慎地进行投资决策,以避免投资失误带来的负面评价,来自债权人和董事会的质疑和更为严格的监督以及个人将面临的名誉、薪酬甚至离职风险。CEO在进行股利分配决策时,需要留存足够的利润盈余以应对外部竞争市场不稳定性所带来的风险。此外,由于企业所在的竞争市场不稳定性高,投资者面临的风险较高,对投资者的吸引力下降,分配现金股利的财务决策可能无法吸引到投资者进行投资,进一步强化了CEO的留存收益的动机。整体看来,当CEO制定企业财务决策时面对的外部环境不确定性较强,他会更倾向于运用手中的权力制定符合个人风险规避动机的企业财务决策,从而避免由于竞争市场的不稳定、竞争者行为的不可预测以及行业信息的不准确导致决策失误,增加个人名誉、薪酬甚至离职风险。

综上所述,本节在前文构建的CEO权力影响企业财务决策的整合模型的基础上进一步分析了企业内部业绩压力和外部环境不确定性作为情境要素的影响,弥补了现有企业财务决策驱动因素研究中决策情境缺失的不足,从而更为科学、合理地指导企业进行财务决策。

第四节 本章小结

本章按照本书的整体研究逻辑界定并度量了公司治理框架下的CEO权力。根据Pfeffer(1981)对权力的解释,本书将CEO权力定义为CEO在公司治理情境下影响其他治理主体,控制环境不确定性的能力。以这一定义为基础,本书构建了公司治理框架下的CEO权力的三维度模型,从股东、董事会和CEO个人三个维度来衡量CEO权力并采用了改进的模糊层次分析法(An

Improved Fuzzy AHP）对模型中的每个维度和指标赋予了相对权重。以构建的CEO权力模型为基础，本章进一步将企业财务决策划分为债务融资决策、投资行为决策以及股利分配决策，然后分别分析了CEO权力对三者的影响机理并在此基础上提出了CEO权力影响企业财务决策的整合模型。

从CEO权力影响企业财务决策的整合模型中可以看到，由于企业债务融资决策的还本付息压力大，资金链断裂和企业破产风险相对较高，CEO在进行债务融资决策时会更多地考虑到债务融资决策可能会对其个人名誉、薪酬以及任期方面带来的损失，进而强化了其风险规避动机。当CEO有能力克服来自委托人的严格监督，追求自利性行为时，他会舍弃那些高风险的企业债务融资决策。因此，CEO会更倾向于运用他们手中的权力规避相对高风险的外部债务融资，以避免受到董事会的严格监督，减少个人名誉、薪酬和离职风险。此外，随着CEO权力的强化，他们拥有更多的资源和更少的约束，从而触发了行为趋近系统发生作用，而行为的趋近系统会提高CEO对风险的认知偏见，导致CEO更关注潜在的投资回报，而忽略了潜在的投资威胁，因此更倾向于高风险的投资行为。所以，在企业投资决策中，随着CEO权力的提高，CEO可能低估投资风险，导致过度投资。随着CEO权力的增加，CEO获得了更多的资源和较少的约束，通过留存收益再投资所获取的控制权提升的边际收益递减，而通过发放现金股利，向资本市场传递利好信号所带来的公司价值提高的边际收益递增。此时，CEO会更倾向于通过向资本市场传递利好信号的方式提高公司价值，进而提高个人收益。本书构建的CEO权力影响企业财务决策的整合模型厘清了CEO运用手中的权力影响企业财务决策的传导机制，从权力的视角考察了CEO对企业财务决策影响的保障机制，完善了现有企业财务决策驱动因素研究中"动机—能力—行为"逻辑链条中的能力环节，完善了现有企业财务决策驱动因素的逻辑框架。

此外，本节在CEO权力影响企业财务决策的整合模型的基础上进一步分析了企业内部业绩压力和外部环境不确定性作为情境要素的影响，认为企业内部业绩压力会提高CEO的自利性动机，会使其更倾向于运用手中的权力制定符合个人自利性动机的企业财务决策以减轻来自董事会和其他利益相关者的压力，降低个人可能面临的名誉、薪酬以及离职风险。而外部环境不确定性则会提高CEO的风险规避动机，使其更倾向于运用手中的权力制定符合个人风险规避动机的企业财务决策,以避免由于竞争市场的不稳定、竞争者行为的不可预测以及行业信息的不准确导致决策失误所增加的个人名誉、薪酬甚至离职风险。基于企业内外部环境要素的进一步分析弥补了现有企业财务决策驱动因素研究中决策情境缺失的不足,从而更为科学、合理地指导企业进行财务决策。

04 第四章

研究假设与研究设计

本章在第三章分析CEO权力影响企业财务决策的内在机理的基础上提出了研究假设并进行了相应的研究设计。第一节提出了CEO权力对企业债务融资决策、投资行为以及股利分配政策的影响的相关研究假设；第二节分别针对企业业绩压力和外部环境不确定性对CEO权力与企业财务决策之间关系的影响提出了相关研究假设；为检验前两节提出的研究假设，第三节进行了样本选取、变量定义并构建了相应的模型。

第一节 CEO权力对企业财务决策影响的相关假设

一、CEO权力对债务融资决策影响的假设

经典的委托代理理论认为公司所有者和经营者之间的合约关系实质上是两者之间权力的分配（Jensen和Meckling，1976；Finkelstein，1992）。委托代理理论隐含的基本假设是当公司所有权和控制权分离时，通常代理人比股东更加风险厌恶（Jensen和Meckling，1976；Eisenhardt，1989）。由于委托人和代理人之间风险偏好上的差异，如果管理者有能力追求自利行为或者克服来自委托人的监督限制，那么他们可能会放弃那些高风险高收益的决策。从风险的视角分析，外部债务融资存在还本付息的压力，一旦无法偿还，将存在资金链断裂、企业破产的风险。资产负债率指标短期内即会显现于公司财务报表，作为公司运营的关键财务指标之一，会受到董事会的关注和监督，杠杆水平过高会增加公司还本付息压力，增加资金链断裂和企业破产风险，也会影响董事会对CEO的评价，从而使CEO面临更高的名誉、薪酬和离职风险。而长期负债比率由于还款周期长，企业未来长期发展存在诸多不确定性，相对于快速归还的短期负债来说风险更高。而CEO在进行债务融资决策时会更多地考虑到决策会为其个人名誉、薪酬以及任期带来的风险。为了规避债务融资决策带来的风险，当CEO有能力克服来自委托人的严格监督、追求自利性行为时，他会舍弃那些高风险的企业债务融资决策。因此，CEO会

更倾向于运用他们手中的权力规避相对高风险的外部债务融资，以避免受到董事会和债权人的严格监督和决策失误带来的负面评价，减少个人名誉、薪酬和离职风险。基于此，本书提出假设H1a和假设H1b。

H1a：CEO权力越大，公司的资产负债率越低。

H1b：CEO权力越大，公司的长期负债比率越低。

二、CEO权力对投资行为影响的假设

社会心理学家提出了趋近和抵制两大神经生物学行为系统作为生物体对环境反应的基本维度来解释不同的行为（Keltner et al., 2003）。不同的行为系统对个体动机、情感和行为的影响不同取决于哪一个系统正在发挥作用（Karniol和Ross, 1996；Lewellyn和Muller-Kahle, 2012）。根据权力的趋近理论，拥有权力可以触发行为的趋近系统，提高个体关注潜在回报，忽略潜在威胁的倾向（Anderson和Berdahl, 2002）；而低权力的个体由于面临更多的社会和物质威胁，这些威胁对他们的行为施加了约束，使他们的认知和行为中呈现主导性的"抑制"反应（Keltner et al., 2003）。随着CEO权力的强化，他们拥有更多的资源和更少的约束，从而触发了行为趋近系统发生作用，提高了CEO对风险的认知偏见，导致CEO更关注潜在的投资回报，忽略了潜在的投资威胁，更倾向于高风险的投资行为。因此，在企业投资决策中，随着CEO权力的提高，CEO可能低估投资风险，导致过度投资。此外，由于投资行为的绩效一般无法在短期内显现和量化，信息不对称程度更高，CEO在投资决策中拥有更高的自由裁量权。如果CEO投资决策失误，可以通过"外部归因"的方式将投资失误的责任归因于外部因素以减少压力，进而避免投资失误带来的负面评价（Phares等, 1971；Davis和Davis, 1972；Gilmor和Minton, 1974）。此外，CEO也会使用"印象管理"（Bolino, 1999）的手段使董事会认为他所制定的高风险的投资决策是在"有所作为"或者"改变游戏规则"从而获得董事会的支持。因此，由于信息不对称程度较高，投资决策失误面对的风险相对较低，CEO的过度投资动机得以强化。因此，本书提出假设H2a和假设H2b。

H2a：CEO权力越大，企业越倾向于过度投资。

H2b：CEO权力越大，企业过度投资水平越高。

三、CEO权力对股利分配政策影响的假设

传统的委托代理理论认为管理者为了追求个人利益而不惜损害股东利益，因此管理者会将获取的利润进行再投资从而扩大经营规模，提高个人的控制权。但是，已有研究却忽略了现金股利在资本市场上的信号作用（Bhattacharya，1979）。由于投资者大多奉行"在手之鸟"理论，对风险厌恶，认为通过留存收益再投资所获得的未来收益的风险高于当前实际得到的股利的风险。因此，在资本市场上，投资者通常会赋予股利分配较多的公司以更高的价值（Miller和Rock，1985）。基于信号理论，管理者作为内部人可以通过现金股利的方式向外部传递信号，从而降低公司内部管理者和外部投资者之间的信息不对称程度。因此，CEO也可能运用其手中的权力通过分配股利的方式向外部传递利好信号。

随着权力的增加，通过留存收益再投资获取的控制权提升的边际收益递减，而通过向资本市场传递利好信号带来的公司价值提高的边际收益递增。因此，随着CEO权力的提高，他会更倾向于通过向资本市场传递公司利好信号的方式提高公司在资本市场的价值，进而提高个人收益。基于以上分析，本书认为随着CEO权力的提高，公司会更倾向于通过分配现金股利和提高股利分配率的方式向外部资本市场传递利好信号，提高公司价值和个人收益。基于以上分析，本书提出假设H3a和假设H3b。

H3a：CEO权力越大，企业越倾向于发放现金股利。

H3b：CEO权力越大，企业的股利分配率越高。

第二节 内外部环境对CEO权力与企业财务决策关系影响的相关假设

一、内外部环境对CEO权力与债务融资决策关系影响的假设

（一）企业绩效对CEO权力与债务融资决策关系影响的假设

Devers等（2007）认为高管的风险偏好取决于情境要素。环境要素对风

险的影响主要是通过管理者的选择产生的，而其对组织风险的直接影响则可以忽略不计（Palmer和Wiseman，1999）。由于信息不对称和监督成本的存在，委托人难以监督代理人的实施过程，通常只能依据期末利润来评价代理人（陶瑞等，2016）。一旦企业利润下降，管理者将面临来自股东、董事会以及其他利益相关者的负面评价，也面临降低个人名誉、薪酬和离职的风险。随着CEO权力的提高，他会更倾向于运用手中的权力进行符合私利动机的债务融资决策来降低个人名誉和薪酬风险，稳固现有职位。因此，企业绩效的好坏是影响CEO进行债务融资决策的重要内部情境。当企业上一年度的绩效相对较差时，CEO会面临由于企业业绩不佳导致的来自董事会的压力和关注，在信息不对称程度较低的债务融资决策上更为审慎和风险规避，以避免决策失误增加个人名誉、薪酬以及离职的风险和压力。但是，当上一年度的企业绩效较好时，CEO面临的债务融资决策环境相对宽松，决策压力相对较小，这种宽松的内部决策环境提高了CEO对债务融资决策的自信心，降低了强权CEO对债务融资风险的规避程度，进而削弱了CEO运用手中的权力进行风险规避的动机。因此，随着上期企业绩效的提高，CEO权力与负债比率、长期负债比率等债务融资决策之间的负相关关系被削弱了。基于以上分析，本书提出假设H4a和假设H4b。

H4a：企业上期绩效越好，CEO权力与负债比率之间的关系越弱。

H4b：企业上期绩效越好，CEO权力与长期负债比率之间的关系越弱。

（二）行业环境不确定性对CEO权力与债务融资决策关系影响的假设

权变理论强调企业决策取决于环境条件，是对环境权衡的结果（Scott和Davis，2011）。组织的开放系统视角认为，公司决策与其所处的环境密切相关。因此，公司在进行财务决策时必须考虑环境因素的影响（申慧慧等，2012）。实际上，组织与环境要素之间的互动关系会在很大程度上影响组织的结构与行为。而环境不确定性会在一定程度上关系到CEO对公司决策和产出的影响（Li和Tang，2010）。因此，本书进一步探讨了外部行业环境不确定性作为研究CEO权力与企业财务决策关系的重要情景变量的影响。

Finkelstein和Boyd（1998）将环境不确定性定义为管理者面对的不可预

测的和不稳定的环境。不确定的行业环境可能包括一个竞争性的不稳定的市场（Grimm et al., 2005）或者不可预测的竞争者行为（Ferrier, 2001），这些都为CEO的决策增加了模糊性和任务难度。由于不确定的行业环境所提供的行业信息是不稳定和不可靠的，CEO面临的选择集合被严重扩展了。具体来说，在不确定的行业环境情境下，不稳定的市场和不准确的信息增加了CEO作出正确决策的难度，进而增加了CEO面对更多任务和绩效挑战的压力。因此，在高行业环境不确定性的环境下，当CEO运用他们手中的权力进行债务融资决策时，CEO将更加依赖他们固有的个人经验和认知偏见来处理行业信息的不准确性和行业竞争环境的不可预测性，也强化了他们固有的风险规避动机。因此，行业环境不确定性的增加会强化CEO权力与企业债务融资决策之间的关系。基于此，本书提出假设H5a和假设H5b。

H5a：行业环境不确定性程度越高，CEO权力与负债比率之间的关系越强。

H5b：行业环境不确定性程度越高，CEO权力与长期负债比率之间的关系越强。

二、内外部环境对CEO权力与投资行为关系影响的假设

（一）企业绩效对CEO权力与投资行为关系影响的假设

由于信息不对称和监督成本的存在，委托人难以监督代理人的实施过程，通常只能依据期末利润来评价代理人（陶瑞等，2016）。一旦企业利润下降，管理者将面临来自股东、董事会以及其他利益相关者的负面评价，也面临降低个人名誉、薪酬和离职的风险。随着CEO权力的提高，他会更倾向于运用手中的权力进行符合私利动机的投资行为来降低个人名誉和薪酬风险，稳固现有职位。因此，企业绩效作为影响CEO权力与投资决策关系的内部情境要素，会直接影响到CEO进行投资决策面临的内部环境压力。当企业上一期的绩效较差，企业面临的绩效压力较大时，CEO运用手中的权力进行过度投资，即使投资失误，CEO也可以通过"外部归因"的方式将投资失误的责任归因于外部因素以减少压力，从而避免投资失误带来的负面评价（Phares et al., 1971；Davis和Davis, 1972；Gilmor和Minton, 1974）。此外，CEO也

可以使用"印象管理"(Bolino,1999)的手段使董事会认为他所制定的高风险的过度投资决策是在"有所作为"或者"改变游戏规则",从而避免董事会对个人能力的质疑,降低个人面临的名誉、薪酬和离职风险。但是,当企业上一期的绩效较好,企业面临的绩效压力相对较小,此时,如果CEO运用手中的权力追加投资导致投资过度,一旦投资决策失误带来了绩效损失,CEO将难以通过"外部归因"的方式将投资失误的责任归因于外部因素减少压力以避免投资失误带来的负面评价。同时,还将面临来自董事会的质疑和严格的监督,个人也将面临更高的名誉、薪酬甚至离职风险。因此,当企业上期绩效较好时,CEO更不倾向于运用手中的权力进行过度投资。基于以上分析,本书提出假设H6a和假设H6b。

H6a:企业上期绩效越好,CEO权力与过度投资之间的关系越弱。

H6b:企业上期绩效越好,CEO权力与过度投资水平之间的关系越弱。

(二)行业环境不确定性对CEO权力与投资行为关系影响的假设

权变理论强调企业决策取决于环境条件,是对环境权衡的结果(Scott和Davis,2011)。组织的开放系统视角认为,公司决策与其所处的环境密切相关。公司在进行财务决策时必须考虑环境因素的影响(申慧慧等,2012)。而行业环境不确定性作为影响CEO权力与投资决策关系的外部情境要素,会影响到CEO进行投资决策面临的外部市场环境。由于不确定的行业环境无法提供稳定和可靠的市场信息,增加了CEO作出正确决策的难度,也增加了CEO面对更多任务和绩效挑战的压力。行业环境的不确定性越高,CEO进行投资时所面临的决策环境越差,由于无法掌握足够的市场信息,竞争性的不稳定的市场和不可预测的竞争者行为都为CEO的决策增加了模糊性和任务难度。因此,CEO在运用手中的权力进行投资决策时会更为审慎,以避免投资决策失误带来的负面评价,来自董事会的质疑和更为严格的监督以及个人将面临的名誉、薪酬甚至离职风险。所以,当CEO运用手中的权力进行投资决策时,如果面临的行业环境具有很高的不确定性,那么,CEO为避免投资决策失误带来的风险,将会更为谨慎地进行投资决策,从而削弱了CEO权力对企业过度投资的正向影响。基于此,本书提出假设H7a和假设H7b。

H7a：行业环境不确定性程度越高，CEO权力与过度投资之间的关系越弱。

H7b：行业环境不确定性程度越高，CEO权力与过度投资水平之间的关系越弱。

三、内外部环境对CEO权力与股利分配政策关系影响的假设

（一）企业绩效对CEO权力与股利分配政策关系的影响

由于信息不对称和监督成本的存在，委托人难以监督代理人的实施过程，通常只能依据期末利润来评价代理人（陶瑞等，2016）。一旦企业利润下降，管理者将面临来自股东、董事会以及其他利益相关者的负面评价，也面临降低个人名誉、薪酬和离职的风险。随着CEO权力的提高，他会更倾向于运用手中的权力进行符合私利动机的投资行为来降低个人名誉和薪酬风险，稳固现有职位。因此，企业绩效作为影响CEO权力与股利分配决策关系的内部情境要素，会直接影响到CEO进行股利分配决策时所面临的内部环境压力。

当企业上一期的绩效较差，企业面临的绩效压力较大，没有足够的利润盈余发放股利，CEO也无法通过向资本市场传递公司利好信号的方式提高公司在投资者心中的市场价值，吸引投资者，获取高额投资。但是当企业上期绩效较好，企业拥有较多的利润盈余，CEO进行股利分配决策的内部环境相对宽松。此时，CEO运用手中的权力通过分配现金股利和提高股利分配率的方式向外部资本市场传递利好信号，吸引外部投资者的决策也会获得董事会的支持。因此，当企业上期绩效较好时，CEO更倾向于运用手中的权力分配现金股利，提高股利分配率。基于以上分析，本书提出假设H8a和假设H8b。

H8a：企业上期绩效越好，CEO权力与现金股利分配倾向之间的关系越强。

H8b：企业上期绩效越好，CEO权力与股利分配率之间的关系越强。

（二）行业环境不确定性对CEO权力与股利分配政策关系的影响

权变理论强调企业决策取决于环境条件，是对环境权衡的结果（Scott和Davis，2011）。组织的开放系统视角认为，公司决策与其所处的环境密切相关。公司在进行财务决策时必须考虑环境因素的影响（申慧慧等，2012）。而行业环境不确定性作为影响CEO权力与股利分配决策关系的外部情境要素，会影响到CEO进行股利分配决策面临的外部市场环境。当企业面临的行业环境不确定性较高，竞争市场不稳定、竞争对手的行为不可预测，此时，CEO在进行股利分配决策时无法掌握足够的市场信息，增加了其决策的模糊性和决策难度，决策环境差。因此，CEO需要留存一定的利润盈余以应对外部行业不确定性带来的风险。此外，由于行业不确定性高，投资者面临的风险较高，因此，行业本身对投资者的吸引力下降，CEO进行分配现金股利和提高股利分配比率的行为可能不足以吸引投资者进行投资。整体看来，当企业外部环境不确定性较高时，CEO可能会留存一定的利润盈余以应对高行业环境不确定性可能带来的风险。因此，当企业面临的外部行业环境不确定性较高时，CEO更不倾向于运用手中的权力分配现金股利，提高股利分配率。基于此，本书提出假设H9a和假设H9b。

H9a：行业环境不确定性程度越高，CEO权力与现金股利分配倾向之间的关系越弱。

H9b：行业环境不确定性程度越高，CEO权力与股利分配率之间的关系越弱。

第三节 研究设计

一、样本选取与数据来源

本书选取了2007—2015年中国沪、深两市所有非金融类上市公司数据作为研究样本。将样本区间设定在2007—2015年有以下三个方面的原因：第一，中国上市公司自2006年起才开始披露相对完整和详细的公司治理数据和行业数据，为了获取更为完整和详细的数据，本书的样本区间从2007年开始；第二，股权分置改革的实施为上市公司提供了不同的资本市场环境和公司治理环境，而股权分置改革在2006年末基本完成，为保证研究中资本市场环境和治理环境的稳定性，我们的研究周期自2007年开始；第三，中国上市公司在2006年后采用了新的会计准则，为保证样本区间内数据的一致性，将样本区间的开始年份设置为2007年较为合适。

本书的治理数据和财务数据主要来自于国泰安数据库（CSMAR）、万德数据库（WIND）、色诺芬数据库（CCER）。本书按照以下原则对初始样本进行了筛选：首先，剔除了金融类上市公司；其次，剔除了ST、*ST的上市公司；最后，为避免异常值的影响，对所有连续变量进行了1%的Winsorize处理。最终经过筛选后得到了2797组观测值构成的非平衡面板数据。

按照相关研究的基本做法（权小锋和吴世农，2010）和根据本书的界定，本书将CEO定义为上市公司年报中认定的首席执行官（CEO）、总经理或总裁，是公司日常运营决策的最高负责人。本书主要采用Stata 12.0进行数据分析。

二、变量定义

（一）财务决策的定义

综合已有研究对企业财务决策的界定，本书认为企业财务决策是在深入分析企业内外部环境要素的影响的基础上，为实现企业资金均衡有效的流动以及企业的总体长期发展而制定的全局性、长期性及创造性的总体方略。从内容上看，财务决策主要包括融资决策、投资决策以及收益分配决策三个方面的内容，且具有整体性、长期性、从属性以及风险性的主要特征。

（二）变量说明

1.因变量

（1）本书的因变量是企业财务决策，主要从债务融资决策、投资行为以及股利分配政策三个方面进行度量。通常度量企业债务融资决策的指标主要有公司的资产负债率和长期负债比率（余明桂等，2006；肖峰雷等，2011）。本书遵循现有研究，采用资产负债率（Lev）和长期负债比率（$Ldebt$）两个指标作为企业债务融资决策的代理变量。资产负债率反映了企业外部负债程度，也反应了企业的融资偏好和债务融资特征。长期负债比率则反映了企业的长期偿债能力，该指标越小，表明公司负债的长期偿债压力小；反之，则表明公司长期偿债压力大。具体的指标计算公式如下：

资产负债率（Lev）＝总负债/总资产

长期负债比率（$Ldebt$）＝长期负债/总资产

（2）对企业投资行为的度量，本书借鉴Richardson（2006）、Biddle等（2009）以及辛清泉等（2007）的做法，通过一个模型（Richardson，2006）估计出企业正常的资本投资水平，然后用模型的回归残差作为投资不足和投资过度的代理变量。根据Richardson（2006）的研究，企业正常的投资水平估计模型如下：

$$NewInvest_t = \alpha_0 + \alpha_1 Growth_{t-1} + \alpha_2 Lev_{t-1} + \alpha_3 Cash_{t-1} + \alpha_4 Age_{t-1} + \alpha_5 Size_{t-1} + \alpha_6 RET_{t-1} + \alpha_7 NewInvest_{t-1} + \sum Industry + \sum Year + \varepsilon \quad (4.1)$$

模型（4.1）中因变量$NewInvest_t$为t年末的新增资本投资量；$Growth_{t-1}$是企业增长机会，本书采用了$t-1$年末的营业收入增长率和Tobin Q两个指标作为增长机会的代理变量；Lev_{t-1}，$Cash_{t-1}$，Age_{t-1}，$Size_{t-1}$，RET_{t-1}，$NewInvest_{t-1}$分别代表了企业$t-1$年末的资产负债率、现金持有量、公司规模、股票收益和$t-1$年的新增资本投资量。此外，模型中还加入了行业变量$Industry$和年份变量$Year$，从而综合考虑了行业效应和年度效应。

采用中国A股非金融类上市公司2007—2015年的数据对模型（4.1）进行回归，可以得到企业第t年的预期资本投资量。然后，用各企业第t年的实际资本投资量减去预期投资量就可以得到企业第t年的剩余投资量。如果该投资量大于0，则将其定义为投资过度，其值作为投资过度程度，用$OverINV$表示；如果该投资量小于0，则将其定义为投资不足，其值作为投资不足程度，用$UnderINV$表示；为便于理解，借鉴辛清泉（2007）的做法将其取绝对值。基于此，$OverINV$和$UnderINV$值越大，则意味着投资过度和投资不足的程度越严重。模型（4.1）中的各变量的具体定义如表4.1所示。

表 4.1　　　　　　　　　模型（4.1）中的变量定义

变量名	变量定义
$NewInvest_t$	（t年的资本支出＋并购支出−出售长期资产收入）/平均总资产
$Growth_{t-1}$	$t-1$年末的营业收入增长率或TobinQ值。其中，TobinQ=市值/总资产
Lev_{t-1}	$t-1$年末的资产负债率
$Cash_{t-1}$	$t-1$年末的现金及现金等价物余额/总资产
Age_{t-1}	截至$t-1$年末的公式上市年龄
$Size_{t-1}$	$t-1$年末的公司总资产的自然对数
RET_{t-1}	$t-1$年末的考虑分红的年度股票回报率
Industry	行业虚拟变量，按照证监会的行业分类标准（制造业进一步细分），共20个行业虚拟变量
Year	年度虚拟变量，共8个年度虚拟变量
$OverINV_t$	t年投资过度，等于模型（4.1）中大于0的回归残差
$UnderINV_t$	t年过度不足，等于模型（4.1）中小于0的回归残差

（3）对企业股利分配政策的度量，本书借鉴张春龙和张国梁（2017）的做法，采用是否派发现金股利（D）度量上市公司的股利分配倾向，采用股利分配率（Div）来衡量上市公司的股利分配力度两个指标作为代理变量。具体的指标计算方式如下：

公司是否派发现金股利（D）：公司当年派发现金股利时赋值为1，否则赋值为0。

股利分配率（Div）：公司当年的股利支付水平，股利分配率=税前每股派息总额/（净利润/实收资本）。

2. 自变量

本书的自变量是CEO权力。已有研究主要采用Finkelstein（1992）对高管权力的度量从结构性权力、所有权权力、专家权力和声誉权力四个维度选择部分CEO特征指标，如CEO与董事长两职合一、CEO任期等（Adams et al.，2005；Liu和Jirraporn，2010；Korkeamäki，2017），然后标准化后直接加总或者采用主成分分析法用第一主成分作为 CEO 权力的综合指标（权小锋和吴世农，2010）。但是，现有对 CEO 权力变量的度量方法忽略了 CEO 权力的特殊性和相对性，CEO 权力有其形成的特殊情境和内在逻辑，不应将其与一般高管的权力形成情境等同。因此，本书构建了 CEO 权力的三维度模型，在 Finkelstein（1992）对高管权力度量的基础上，充分考虑了 CEO 权力形成的具体逻辑和情境。本书根据所构建的 CEO 权力的三维度模型分别从股东维度、董事会维度和 CEO 个人维度选择了 12 个指标标准化后按照改进的模糊层次分析法所确定的权重加总，最终构成本书的 CEO 权力指标，具体的指标定义和度量如表 4.2 所示。CEO 权力的指标值越大，代表 CEO 权力大。通过对 CEO 权力的各项构成指标进行 Cronbach's α 检验，信度值为 0.65。

表 4.2　　　　　　CEO 权力构成指标的变量定义

变量维度	变量名	变量定义
股东	CEO 持股	CEO 不持有公司股份赋值为 0，持股比例小于样本均值赋值为 1，持股比例大于等于样本均值赋值为 2
	CEO 在股东单位任职	CEO 不在股东单位任职赋值为 0，担任非 CEO 非董事长的职务赋值为 1，担任 CEO 赋值为 2，担任董事长赋值为 3，兼任 CEO 与董事长赋值为 4
	股权制衡度	第一大股东持股比例/第二大股东持股比例大于等于样本均值赋值为 0，否则赋值为 1
	股权性质	控股股东性质为国企赋值为 0，民营和外资赋值为 1
	股权集中度	第一大股东股权集中度大于等于样本均值赋值为 0，否则赋值为 1
董事会	CEO 在董事会中的职务	CEO 不担任董事赋值为 0，担任董事赋值为 1，担任副董事长赋值为 2，担任董事长赋值为 3
	董事会中的内部人比例	公司高管担任董事的人数占董事会总人数的比例小于样本均值赋值为 0，否则赋值为 1
CEO 个人	CEO 是否创始人	如果 CEO 在公司 IPO 时担任公司高管则赋值为 1，否则赋值为 0
	CEO 是否内部晋升	CEO 是内部晋升赋值为 1，外部聘任赋值为 0
	CEO 任期	CEO 任期大于等于样本均值赋值为 1，否则赋值为 0
	CEO 担任董事的公司数量	CEO 担任董事的公司数量大于等于样本均值赋值为 1，否则赋值为 0
	CEO 的政治背景	CEO 没有政府任职经历赋值为 0，曾在政府任职赋值为 1，正在政府任职赋值为 2

CEO权力的计算公式如下：

$$\begin{aligned}\text{CEO权力} =& 0.14 \times (0.09 \times \text{CEO持股} + 0.27 \times \text{CEO在股东单位任职} + 0.09 \times \\& \text{股权制衡度} + 0.27 \times \text{股性质权} + 0.27 \times \text{股权集中度}) + 0.43 \times \\& (0.75 \times \text{CEO在董事会中的职务} + 0.25 \times \text{董事会中的内部人} \\& \text{比例}) + 0.43 \times (0.33 \times \text{CEO是否创始人} + 0.11 \times \text{CEO是否内} \\& \text{部晋升} + 0.17 \times \text{CEO任期} + 0.06 \times \text{CEO担任董事的公司数量} \\& + 0.33 \times \text{CEO的政治背景}) \end{aligned} \quad (4.2)$$

3. 调节变量

企业内外部环境。企业绩效是影响企业内部决策环境的重要因素，度量企业绩效的指标通常有Tobin Q、每股收益、资产收益率等。托宾Q值在中国低有效性的股票市场环境下无法准确地反映上市公司的实际经营业绩；每股收益代表着每单位资本额的获利能力，通常用来衡量普通股的获利水平；总资产收益率（ROA）通常用来测量企业每一单位资产创造的净利润，相对于托宾Q值和每股收益能够更好地综合反映公司的实际获利能力，相对客观真实地反映出企业内部的经营绩效情况（李小玉等，2017）。因此，本书采用企业上期的总资产利润率（Ex_ROA）作为企业内部环境的代理变量。行业环境不确定性是影响企业外部环境的重要因素，因此，本书借鉴Carpenter和Fredrickson（2001）以及Li和Tang（2010）的度量方法，采用行业环境不确定性（$Uncertainty$）作为企业外部环境的代理变量。具体的指标计算方式如下：

企业上期绩效（Ex_ROA）：净利润/总资产平均余额。

行业环境不确定性（$Uncertainty$）：将企业所在行业的营业收入对时间进行回归，所得残差的标准差除以近5年的行业营业收入均值。

4. 控制变量

控制变量方面，检验CEO权力与财务决策的不同方面的关系需要选择不同的控制变量，变量说明如表4.3所示。

（1）为检验CEO权力与债务融资决策的关系选择的控制变量主要有企业规模（$Size$）、盈利能力（$Tobin\ Q$）、有形资产占比（$Tang\_ratio$）、非债务税盾（$NDTS$）、机构投资者持股比例（$Insti$）、公司年龄（$Firm\_age$）、独立董事比例（*Independence*）、CEO年龄（*Age*）、CEO变更（*Change*）。此外，本书在检验CEO权力与债务融资决策关系的模型中控制了行业（*Industry*）和年度（*Year*）。

（2）为检验CEO权力与企业投资决策的关系选择的控制变量主要有企业规模（*Size*）、自由现金流（*FCF*）、营业收入增长率（*Growth*）、资产负债率（*Lev*）、公司年龄（*Firm_age*）、营利性（*Profit*）。此外，本书在检验CEO权力与企业投资决策关系的模型中控制了行业（*Industry*）和年度（*Year*）。

（3）为检验CEO权力与股利分配决策的关系选择的控制变量主要有企业规模（*Size*）、资产负债率（*Lev*）、公司年龄（*Firm_age*）、现金持有比率（*Cash*）、每股可供股东分配的利润（*Dps*）、营业收入增长率（*Growth*）。此外，本书在检验CEO权力与股利分配决策关系的模型中控制了行业（*Industry*）和年度（*Year*）。

表4.3 变量说明

变量类型	变量符号	变量名称	变量定义
被解释变量	*Lev*	资产负债率	总负债/总资产
	Ldebt	长期负债比率	长期负债/总资产
	Over_Under	过度投资倾向	用各企业当年的实际资本投资量减去预期投资量就可以得到企业当年的剩余投资量。如果该投资量大于0，则将其定义为投资过度，小于0则为投资不足
	Degree	投资过度程度	等于模型（4.1）中大于0的回归残差
	D	现金股利分配倾向	公司当年派发现金股利时赋值为1，否则赋值为0
	Div	现金股利分配率	公司当年的股利支付水平，税前每股派息总额/（净利润/实收资本）
解释变量	*Power*	CEO权力	根据模型（4.1）计算得出的指标值
调节变量	*Ex_ROA*	企业上期绩效	净利润/总资产平均余额
	Uncertainty	行业环境不确定性	将企业所在行业的营业收入对时间进行回归，所得残差的标准差除以近5年的行业营业收入均值
控制变量	*Size*	企业规模	总资产的自然对数
	Firm_age	公司年龄	（上市年数+1）的自然对数
	Growth	营业收入增长率	（营业收入本年本期金额−营业收入上年同期金额）/营业收入上年同期金额

续表

变量类型	变量符号	变量名称	变量定义
控制变量	Tobin Q	盈利能力	市值/总资产
	Profit	营利性	营业收入/总资产
	Tang_ratio	有形资产占比	（固定资产+存货）/总资产
	NDTS	非债务税盾	累计折旧/总资产
	FCF	自由现金流	（经营现金流−折旧−摊销−当年新增投资）/平均总资产
	Cash	现金持有比率	期末现金及现金等价物余额/总资产
	Dps	每股可供股东分配的利润	未分配利润/总股本
	Independence	独立董事比例	独立董事人数/董事会总人数
	Age	CEO年龄	CEO年龄
	Change	CEO变更	虚拟变量，CEO发生变更取值为1，否则取值为0
	Industry	行业哑变量	根据证监会行业划分设置的行业哑变量
	Year	年份哑变量	根据不同年份设置的年份哑变量

三、模型构建

为验证假设H1a和假设H1b，即CEO权力与企业债务融资决策之间的关系，本书构建了模型（4.3）和模型（4.4）：

$$Lev = \alpha_0 + \alpha_1 Power + \alpha_2 Size + \alpha_3 TobinQ + \alpha_4 Tang\_ratio + \alpha_5 NDTS + \alpha_6 Insti + \alpha_7 Firm\_age + \alpha_8 Independence + \alpha_9 Age + \alpha_{10} Change + Year + Industry + \varepsilon \quad (4.3)$$

$$Ldebt = \alpha_0 + \alpha_1 Power + \alpha_2 Size + \alpha_3 TobinQ + \alpha_4 Tang\_ratio + \alpha_5 NDTS + \alpha_6 Insti + \alpha_7 Firm\_age + \alpha_8 Independence + \alpha_9 Age + \alpha_{10} Change + Year + Industry + \varepsilon \quad (4.4)$$

其中，Lev代表资产负债率，$Ldebt$代表长期负债比率，作为被解释变量；$Power$代表CEO权力，作为解释变量；α_0为截距；ε为随机扰动项；模型中的其他变量是可能影响企业债务融资的控制变量。

为了检验假设H2a和假设H2b，即CEO权力与企业投资决策之间的关系，本书构建了模型（4.5）和模型（4.6）：

$$Over\_Under = \alpha_0 + \alpha_1 Power + \alpha_2 Size + \alpha_3 FCF + \alpha_4 Growth + \alpha_5 Lev + \alpha_6 Firm\_age + \alpha_7 Profit + Year + Industry + \varepsilon \quad (4.5)$$

$$Degree = \alpha_0 + \alpha_1 Power + \alpha_2 Size + \alpha_3 FCF + \alpha_4 Growth + \alpha_5 Lev + \alpha_6 Firm\_age + \alpha_7 Profit + Year + Industry + \varepsilon \quad (4.6)$$

其中，Over_Under代表企业过度投资倾向（投资过度/投资不足），D代表企业投资过度程度，作为被解释变量；Power代表CEO权力，作为解释变量；α_0为截距；ε为随机扰动项；模型中的其他变量是可能影响企业投资决策的控制变量。

为了检验假设H3a和假设H3b，即CEO权力与股利分配决策之间的关系，本书构建了模型（4.7）和模型（4.8）：

$$D = \alpha_0 + \alpha_1 Power + \alpha_2 Size + \alpha_3 Lev + \alpha_4 Firm_{age} + \alpha_5 Cash + \alpha_6 Dps + \alpha_7 Growth + Industry + Year + \varepsilon \quad (4.7)$$

$$Div = \alpha_0 + \alpha_1 Power + \alpha_2 Size + \alpha_3 Lev + \alpha_4 Firm_{age} + \alpha_5 Cash + \alpha_6 Dps + \alpha_7 Growth + Industry + Year + \varepsilon \quad (4.8)$$

其中，D代表企业的现金股利分配倾向，Div代表企业的现金股利分配率，作为被解释变量；Power代表CEO权力，作为解释变量；α_0为截距；ε为随机扰动项；模型中的其他变量是可能影响股利分配决策的控制变量。

为了验证假设H4a和假设H4b，即企业上期绩效对CEO权力与债务融资决策关系的影响，本书构建了模型（4.9）和模型（4.10）：

$$Lev = \alpha_0 + \alpha_1 Power + \alpha_2 Ex\_ROA + \alpha_3 Power \times Ex\_ROA + \alpha_4 Size + \alpha_5 TobinQ + \alpha_6 Tang\_ratio + \alpha_7 NDTS + \alpha_8 Insti + \alpha_9 Firm\_age + \alpha_{10} Independence + \alpha_{11} Age + \alpha_{12} Change + Year + Industry + \varepsilon \quad (4.9)$$

$$Ldebt = \alpha_0 + \alpha_1 Power + \alpha_2 Ex\_ROA + \alpha_3 Power \times Ex\_ROA + \alpha_4 Size + \alpha_5 TobinQ + \alpha_6 Tang\_ratio + \alpha_7 NDTS + \alpha_8 Insti + \alpha_9 Firm\_age + \alpha_{10} Independence + \alpha_{11} Age + \alpha_{12} Change + Year + Industry + \varepsilon \quad (4.10)$$

模型（4.9）是在模型（4.3）的基础上加入了上期绩效变量Ex_ROA以及上期绩效与CEO权力的交互项Power×Ex_ROA；模型（4.10）是在模型（4.4）的基础上加入了上期绩效变量Ex_ROA以及上期绩效与CEO权力的交互项Power×Ex_ROA。

为了检验假设H5a和假设H5b,即行业环境不确定性对CEO权力与债务融资决策关系的影响,本书构建了模型(4.11)和模型(4.12):

$$Lev = \alpha_0 + \alpha_1 Power + \alpha_2 Uncertainty + \alpha_3 Power \times Uncertainty + \alpha_4 Size + \alpha_5 TobinQ$$
$$+ \alpha_6 Tang\_ratio + \alpha_7 NDTS + \alpha_8 Insti + \alpha_9 Firm\_age + \alpha_{10} Independence$$
$$+ \alpha_{11} Age + \alpha_{12} Change + Year + Industry + \varepsilon \qquad (4.11)$$

$$Ldebt = \alpha_0 + \alpha_1 Power + \alpha_2 Uncertainty + \alpha_3 Power \times Uncertainty + \alpha_4 Size + \alpha_5 TobinQ$$
$$+ \alpha_6 Tang\_ratio + \alpha_7 NDTS + \alpha_8 Insti + \alpha_9 Firm\_age + \alpha_{10} Independence$$
$$+ \alpha_{11} Age + \alpha_{12} Change + Year + Industry + \varepsilon \qquad (4.12)$$

模型(4.11)是在模型(4.3)的基础上加入了行业环境不确定性变量 $Uncertainty$ 以及行业环境不确定性与CEO权力的交互项 $Power \times Uncertainty$;模型(4.12)是在模型(4.4)的基础上加入了行业环境不确定性变量 $Uncertainty$ 以及行业环境不确定性与CEO权力的交互项 $Power \times Uncertainty$。

为了检验假设H6a和假设H6b,即企业上期绩效对CEO权力与投资决策关系的影响,本书构建了模型(4.13)和模型(4.14):

$$Over\_Under = \alpha_0 + \alpha_1 Power + \alpha_2 Ex\_ROA + \alpha_3 Power \times Ex\_ROA + \alpha_4 Size +$$
$$\alpha_5 FCF + \alpha_6 Growth + \alpha_7 Lev + \alpha_8 Firm\_age + \alpha_9 Profit + Year +$$
$$Industry + \varepsilon \qquad (4.13)$$

$$Degree = \alpha_0 + \alpha_1 Power + \alpha_2 Ex\_ROA + \alpha_3 Power \times Ex\_ROA + \alpha_4 Size + \alpha_5 FCF +$$
$$\alpha_6 Growth + \alpha_7 Lev + \alpha_8 Firm\_age + \alpha_9 Profit + Year +$$
$$Industry + \varepsilon \qquad (4.14)$$

模型(4.13)是在模型(4.5)的基础上加入了上期绩效变量 Ex_ROA 以及上期绩效与CEO权力的交互项 $Power \times Ex\_ROA$;模型(4.14)是在模型(4.6)的基础上加入了上期绩效变量 Ex_ROA 以及上期绩效与CEO权力的交互项 $Power \times Ex\_ROA$。

为了检验假设H7a和假设H7b,即行业环境不确定性对CEO权力与投资决策关系的影响,本书构建了模型(4.15)和模型(4.16):

$$Over\_Under = \alpha_0 + \alpha_1 Power + \alpha_2 Uncertainty + \alpha_3 Power \times Uncertainty + \alpha_4 Size +$$
$$\alpha_5 FCF + \alpha_6 Growth + \alpha_7 Lev + \alpha_8 Firm\_age + \alpha_9 Profit + Year +$$
$$Industry + \varepsilon \qquad (4.15)$$

$$Degree = \alpha_0 + \alpha_1 Power + \alpha_2 Uncertainty + \alpha_3 Power \times Uncertainty + \alpha_4 Size +$$
$$\alpha_5 FCF + \alpha_6 Growth + \alpha_7 Lev + \alpha_8 Firm\_age + \alpha_9 Profit + Year +$$
$$Industry + \varepsilon \quad (4.16)$$

模型（4.15）是在模型（4.5）的基础上加入了行业环境不确定性变量 $Uncertainty$ 以及行业环境不确定性与CEO权力的交互项 $Power \times Uncertainty$；模型（4.16）是在模型（4.6）的基础上加入了行业环境不确定性变量 $Uncertainty$ 以及行业环境不确定性与CEO权力的交互项 $Power \times Uncertainty$。

为了检验假设H8a和假设H8b，即企业上期绩效对CEO权力与股利分配决策关系的影响，本书构建了模型（4.17）和模型（4.18）：

$$D = \alpha_0 + \alpha_1 Power + \alpha_2 Ex\_ROA + \alpha_3 Power \times Ex\_ROA + \alpha_4 Size + \alpha_5 Lev +$$
$$\alpha_6 Firm_{age} + \alpha_7 Cash + \alpha_8 Dps + \alpha_9 Growth + Industry + Year + \varepsilon \quad (4.17)$$

$$Div = \alpha_0 + \alpha_1 Power + \alpha_2 Ex\_ROA + \alpha_3 Power \times Ex\_ROA + \alpha_4 Size + \alpha_5 Lev +$$
$$\alpha_6 Firm_{age} + \alpha_7 Cash + \alpha_8 Dps + \alpha_9 Growth + Industry + Year + \varepsilon \quad (4.18)$$

模型（4.17）是在模型（4.7）的基础上加入了上期绩效变量 Ex_ROA 以及上期绩效与CEO权力的交互项 $Power \times Ex\_ROA$；模型（4.18）是在模型（4.8）的基础上加入了上期绩效变量 Ex_ROA 以及上期绩效与CEO权力的交互项 $Power \times Ex\_ROA$。

为了检验假设H9a和假设H9b，即行业环境不确定性对CEO权力与股利分配决策关系的影响，本书构建了模型（4.19）和模型（4.20）：

$$D = \alpha_0 + \alpha_1 Power + \alpha_2 Uncertainty + \alpha_3 Power \times Uncertainty + \alpha_4 Size + \alpha_5 Lev +$$
$$\alpha_6 Firm_{age} + \alpha_7 Cash + \alpha_8 Dps + \alpha_9 Growth + Industry + Year + \varepsilon \quad (4.19)$$

$$Div = \alpha_0 + \alpha_1 Power + \alpha_2 Uncertainty + \alpha_3 Power \times Uncertainty + \alpha_4 Size + \alpha_5 Lev +$$
$$\alpha_6 Firm_{age} + \alpha_7 Cash + \alpha_8 Dps + \alpha_9 Growth + Industry + Year + \varepsilon \quad (4.20)$$

模型（4.19）是在模型（4.7）的基础上加入了行业环境不确定性变量 $Uncertainty$ 以及行业环境不确定性与CEO权力的交互项 $Power \times Uncertainty$；模型（4.20）是在模型（4.8）的基础上加入了行业环境不确定性变量 $Uncertainty$ 以及行业环境不确定性与CEO权力的交互项 $Power \times Uncertainty$。

第四节 本章小结

本章在构建的CEO权力影响企业财务决策的整合模型的基础上进一步提出了研究假设并进行了相应的研究设计。

第一节首先提出了CEO权力对企业债务融资决策影响的相关研究假设。为了规避债务融资决策带来的风险,当CEO有能力克服来自委托人的严格监督,追求自利性行为时,他会舍弃那些高风险的企业债务融资决策,以避免受到董事会和债权人的严格监督和决策失误带来的负面评价,减少个人名誉、薪酬和离职风险。因此,随着CEO权力的提高,企业的资产负债率和长期负债比率都会下降。其次,本节提出了CEO权力对企业投资行为影响的相关研究假设。随着CEO权力的强化,他们拥有更多的资源和更少的约束,从而触发了行为趋近系统发生作用,提高了CEO对风险的认知偏见,导致CEO更关注潜在的投资回报,忽略了潜在的投资威胁,更倾向于高风险的投资行为。因此,在企业投资决策中,随着CEO权力的提高,CEO可能低估投资风险,导致过度投资倾向和水平的提高。最后,本节提出了CEO权力对企业股利分配政策影响的相关研究假设。随着权力的增加,通过留存收益再投资获取的控制权提升的边际收益递减,而通过向资本市场传递利好信号带来的公司价值提高的边际收益递增,CEO会更倾向于通过向资本市场传递公司利好信号的方式提高公司在资本市场的价值,进而提高个人收益。因此,随着权力的提高,企业的现金股利分配倾向和水平会提高。

第二节进一步提出了企业内外部环境要素对CEO权力与企业财务决策之间关系的影响。将企业内部绩效和外部行业环境不确定性作为企业内外部环境的代理变量,分别分析了其对CEO权力与企业财务决策关系的影响机理并在此基础上进一步提出了研究假设。首先,本节提出了企业内外部环境对CEO权力与债务融资决策之间关系的影响的相关研究假设。其中,当上一年度的企业绩效较好时,CEO面临的债务融资决策环境相对宽松,决策压力相对较小,这种宽松的内部决策环境提高了CEO对决策的自信心,降低了强权CEO对风险的规避程度,进而削弱了CEO运用手中的权力进行风险规避的动机。因此,随着上期企业绩效的提高,CEO权力与债务融资决策之间的负相关关系被削弱了。而外部环境的影响则体现为高行业环境不确定性的环境下,当CEO运用他们手中的权力进行债务融资决策时,行业信息的不准确性和行业竞争环境的不可预测性强化了他们固有的风险规避动机。因此,行业环境不确定性的增加会强化CEO权力与企业债务融资决策之间的负相关关系。其次,本节提出了企业内外部环境对CEO权力与企业投资行为之间关系的影响的研究假设。当企业上一期的绩效较差,企业面临的绩效压力较大时,CEO运用手中的权力进行过度投资,即使投资失误,CEO也可以通过"外部归因"和"印象管理"的方式减少投资失误带来的负面评价,降低个人面临的名誉、薪酬和离职风险。因此,当企业上期绩效较好时,CEO更不倾向于运用手中的权力进行过度投资。外部环境的影响则体现在当CEO运用手中的权力进行投资决策时,如果面临的行业环境具有很高的不确定性,那么,CEO为避免投资决策失误带来的风险,将会更为谨慎地进行投资决策,从而削弱了CEO权力对企业过度投资的正向影响。最后,本节提出了内外部环境对CEO权力与股利分配政策之间关系的影响的研究假设。当企业上一期的绩效较差,企业面临的业绩压力较大时,CEO可能没有足够的利润发放现金股利。但是当企业上期绩效较好,企业拥有较多的利润盈余,CEO进行股利分配决策的内部环境相对宽松,CEO会更倾向于运用手中的权力通过分配现金股利和提高股利分配率的方式向外部资本市场传递利好信号,吸引外部投资者的决策也会获得董事会的支持。因此,当企业上期绩效较好时,CEO权力与现金股利分配倾向和现金股利分配率之间的正相关关系会被强化。而外部环境的影响则体现为当企业外部环境不确定性较高时,强化了CEO的风险规避动机,CEO可能会留存一定的利润盈余以应对高行业环境不确定性带来的风险。因此,当企业面临的外部行业环境不确定性较高时,CEO权力与现金股利分配倾向和现金股利分配率之间的正相关关系会被削弱。

为验证前两节提出的研究假设,第三节进行了相应的研究设计。在选取了2007—2015年中国沪、深两市非金融类上市公司数据作为研究样本的基础上,本节进一步说明了数据来源、描述了变量定义并根据研究假设构建了相应的计量模型。

05 第五章

实证检验结果分析

第四章对CEO权力对企业债务融资决策、投资行为以及股利分配政策的影响机理及企业内外部环境对二者关系的调节作用提出了相应的研究假设并进行了相应的研究设计。为验证提出的研究假设，本章在第四章进行的研究设计的基础上，对研究假设的实证检验结果进行了分析。

第一节　CEO权力对企业财务决策影响的实证结果分析

根据前面提出的研究假设和构建的计量模型，本节分别对CEO权力与企业债务融资决策、投资行为决策以及股利分配决策关系进行了实证检验并对实证结果进行了分析。

一、CEO权力对企业债务融资决策影响的实证结果分析

（一）描述性统计结果

表5.1报告了样本公司主要变量的描述性统计结果。从描述性统计结果来看，企业资产负债率的均值为0.447，标准差为0.217，说明样本公司平均负债占总资产的比例为0.447，且公司之间存在一定的差异；长期负债比率的均值为0.069，标准差为0.105，中位数为0.016，最大值为0.829，说明样本公司平均长期负债占总资产的比例为0.069，多数样本公司需要偿还的有息长期负债占总资产的比重较低，不存在较大的长期偿债压力，但是，也存在一些公司长期负债比率较高，长期偿债压力大；样本公司CEO权力指标的均值为0.279，标准差为0.458，说明各公司的CEO之间的权力差异较大；独立董事比例的均值为0.371，标准差为0.053，说明样本公司中平均独立董事占比为37.1%，多数公司仍然仅保持基本"合规"，并没有主动提高董事会独立性；样本公司中CEO的平均年龄约为48岁，标准差为6.91；CEO变更的均值为0.182，说明平均有18.2%的样本公司发生了CEO变更；整体看来，样本公司之间的绩效和各项治理指标之间均存在较为明显的差异。

表 5.1 变量描述性统计

变量	均值	标准差	中位数	最小值	最大值	样本数（个）
Lev	0.447	0.217	0.447	0.002	1.000	19038
$Ldebt$	0.069	0.105	0.016	0.000	0.892	19345
$Power$	0.279	0.458	0.138	−0.599	1.561	15318
Ex_ROA	0.046	0.058	0.041	−0.199	0.300	17581
$Uncertainty$	1.408	2.128	0.874	0.254	35.843	19180
$Size$	21.760	1.387	21.625	0.000	28.509	19355
$TobinQ$	2.602	1.621	2.085	0.602	9.998	18021
$Tang\_ratio$	0.396	0.180	0.391	0.010	0.800	18848
$NDTS$	0.022	0.018	0.018	0.000	0.379	19297
$Insti$	0.355	0.237	0.341	0.000	0.985	18606
$Firm\_age$	1.978	0.858	2.303	0.000	3.219	17442
$Independence$	0.371	0.053	0.333	0.333	0.800	18735
Age	48.067	6.391	48.000	24.000	78.000	19072
$Change$	0.182	0.386	0.000	0.000	1.000	16564

表 5.2 报告了根据控股股东性质划分的样本公司的资产负债率和长期负债比率的描述性统计情况。从描述性统计结果看来，国有企业的资产负债率均值为0.521，中位数为0.535，明显高于民营企业0.381和外资企业0.379，说明相对于民营企业和外资企业，国有企业的负债较高，这可能与我国的整体融资环境有关，国有企业的融资环境相对宽松，而民营企业通常会面临较强的融资约束；此外，国有企业的长期负债比率均值为0.098，也明显高于民营企业0.044和外资企业0.064，说明国有企业需要偿还的有息长期负债占总资产的比重相对于民营企业和外资企业较高，长期偿债压力较大。

表 5.2 根据控股股东性质划分的资产负债率和长期负债比率的描述性统计

股权性质	变量	均值	标准差	中位数	最小值	最大值	样本数（个）
国有控股	资产负债率	0.521	0.199	0.535	0.002	0.998	8581
	长期负债比率	0.098	0.122	0.049	0.000	0.775	8692
民营控股	资产负债率	0.381	0.212	0.365	0.007	1.000	9343
	长期负债比率	0.044	0.078	0.002	0.000	0.892	9526

续表

股权性质	变量	均值	标准差	中位数	最小值	最大值	样本数（个）
外资控股	资产负债率	0.379	0.208	0.358	0.022	0.945	341
	长期负债比率	0.064	0.100	0.008	0.000	0.467	346
集体控股	资产负债率	0.407	0.198	0.370	0.054	0.855	173
	长期负债比率	0.058	0.095	0.010	0.000	0.508	173
社会团体控股	资产负债率	0.435	0.170	0.451	0.051	0.734	18
	长期负债比率	0.037	0.060	0.0002	0.000	0.185	18
职工持股会控股	资产负债率	0.541	0.180	0.545	0.112	0.942	60
	长期负债比率	0.104	0.138	0.055	0.000	0.534	61
总体	资产负债率	0.447	0.217	0.448	0.002	1.000	18516
	长期负债比率	0.070	0.105	0.017	0.000	0.892	18816

（二）变量相关性分析

表5.3给出了各变量之间的相关系数，结果表明，CEO权力与公司资产负债率和长期负债比率显著负相关，初步说明CEO权力的提高会降低公司的资产负债率和长期负债比率水平。但是，由于CEO权力变量与其他变量之间存在一定的相关性，因此，仍需采用多元回归分析进行进一步的验证。此外，控制变量大多与资产负债率和长期负债比率显著相关，说明本书选取的控制变量较为合理。从变量间的Pearson相关系数可以看出，变量间不存在严重的多重共线性问题。

（三）单因素方差分析

进行回归分析之前，为了更直观地观察CEO权力对债务融资的影响，本书按照样本公司CEO权力从小到大排序的第一四分位数、中位数、第三四分位数将资产负债率和长期负债比率的均值进行单因素方差分析，结果报告在表5.4中。表5.4的结果表明，随着CEO权力的提高，公司资产负债率的均值逐渐下降，且经过F统计量检验，四组样本的资产负债率均值之间存在显著差异；此外，单因素方差分析的结果也表明，随着CEO权力的提高，公司的长期负债比率均值逐渐下降，且经过F统计量检验，四组样本的长期负债率

表 5.3 主要变量相关系数

变量	Lev	Ldebt	Power	Ex_ROA	Uncertainty	Size	TobinQ	Tang_ratio	NDTS	Insti	Firm_age	Independence	Age	Change
Lev	1													
Ldebt	0.470***	1												
Power	-0.221***	-0.161***	1											
Ex_ROA	-0.400***	-0.158***	0.133***	1										
Uncertainty	0.078***	0.014*	-0.052***	-0.027***	1									
Size	0.422***	0.449***	-0.150***	0.033***	-0.078***	1								
TobinQ	-0.370***	-0.297***	0.129***	0.195***	0.029***	-0.445***	1							
Tang_ratio	0.388***	0.308***	-0.143***	-0.247***	0.055***	0.206***	-0.258***	1						
NDTS	0.081***	0.100***	-0.100***	-0.166***	-0.010	0.031***	-0.091***	0.484***	1					
Insti	0.175***	0.170***	-0.151***	0.113***	-0.091***	0.412***	-0.079***	0.083***	0.036***	1				
Firm_age	0.391***	0.220***	-0.319***	-0.284***	0.020***	0.187***	-0.122***	0.191***	0.085***	0.180***	1			
Independence	-0.015**	-0.0002	0.088***	-0.001	-0.007	0.029***	0.035***	-0.038***	-0.044***	-0.017**	-0.024***	1		
Age	0.012*	0.046***	0.155***	0.014*	-0.057***	0.132***	-0.053***	0.026***	0.050***	0.101***	0.056***	0.015**	1	
Change	0.055***	0.032***	-0.190***	-0.081***	0.021***	-0.016**	-0.001	0.021***	0.032***	-0.037***	0.063***	0.020***	-0.108***	1

注：* 为在10%水平上显著，** 为在5%的水平上显著，*** 为在1%的水平上显著。

均值之间存在显著差异。总体看来，单因素方差分析的结果初步验证了CEO权力的提高会降低资产负债率和长期负债比率的假设。当然，CEO权力与资产负债率和长期负债比率之间的关系仍需进一步的计量检验。

表5.4　　　　　资产负债率和长期负债比率的均值差异比较

	分组	均值	F值	Bartlett's Test Chi 2值
资产负债率	第一四分位数以下的CEO权力组	0.511	290.68***	13.613***
	第一四分位数至中位数之间的CEO权力组	0.451		
	中位数至第三四分位数之间的CEO权力组	0.434		
	第三四分位数以上的CEO权力组	0.367		
长期负债比率	第一四分位数以下的CEO权力组	0.093	145.72***	784.503***
	第一四分位数至中位数之间的CEO权力组	0.077		
	中位数至第三四分位数之间的CEO权力组	0.068		
	第三四分位数以上的CEO权力组	0.044		

注：***为在1%的水平上显著。

（四）CEO权力与债务融资决策关系的回归分析

本部分检验了假设H1a和假设H1b，即CEO权力与债务融资决策之间的关系，并基于控股股东性质的差异做了进一步分析。最后，进行了一系列的稳健性检验以验证回归结果的稳健性。此外，为解决潜在的异方差和自相关等问题，保证回归结果的稳健性，表5.5的回归结果在双向固定效应的基础上采用了聚类稳健标准误。

1. CEO权力与债务融资决策关系的回归结果分析

根据前文构建的计量模型，本书进一步检验了CEO权力与债务融资决策之间的关系以验证假设H1a和假设H1b。首先，对面板数据进行了Hausman检验，检验结果表明应拒绝原假设，选择固定效应模型。表5.5给出了CEO权力（Power）与资产负债率（Lev）和长期负债比率（Ldebt）之间关系的回归结果。其中，模型（1）考察了控制变量对资产负债率（Lev）的影响，模型（2）考察了CEO权力（Power）对公司资产负债率（Lev）的影响，模型（3）考察了控制变量对长期负债比率（Ldebt）的影响，模型（4）考察了

CEO权力（Power）对长期负债比率（Ldebt）的影响。

表5.5中模型（1）和模型（2）的回归结果表明，CEO权力（Power）对资产负债率（Lev）影响的系数为负，且在10%的显著水平上通过检验，即CEO权力越大，公司的资产负债率越低，假设H1a得到了验证。模型（3）和模型（4）的回归结果表明，CEO权力（Power）对长期负债比率（Ldebt）影响的系数为负，且在5%的显著水平上通过检验，即CEO权力越大，公司的长期负债比率越低，假设H1b得到了验证。这说明为了规避债务融资决策带来的风险，降低企业融资成本，当CEO有能力克服来自委托人的严格监督，追求自利性行为时，他会舍弃那些高风险的企业债务融资决策。因此，CEO会更倾向于运用他们手中的权力规避相对高风险的外部债务融资，以避免受到董事会的严格监督，减少个人名誉、薪酬和离职风险。

表 5.5　　CEO 权力与债务融资决策关系的回归结果

	Lev		$Ldebt$	
	（1）	（2）	（3）	（4）
$Power$		−0.004* （−1.72）		−0.003** （−2.28）
$Size$	0.063*** （10.30）	0.066*** （9.80）	0.038*** （11.22）	0.036*** （9.86）
$TobinQ$	−0.003* （−1.84）	−0.002 （−1.31）	−0.002*** （−3.37）	−0.002*** （−3.08）
$Tang\_ratio$	0.244*** （12.50）	0.234*** （11.27）	0.052*** （4.44）	0.049*** （3.99）
$NDTS$	−0.884*** （−3.03）	−0.782** （−2.56）	−0.412*** （−2.82）	−0.538*** （−3.29）
$Insti$	0.006 （0.86）	0.001 （0.18）	−0.005 （−0.98）	−0.007 （−1.32）
$Firm\_age$	0.052*** （11.44）	0.055*** （11.34）	0.008*** （2.93）	0.008*** （2.88）
$Independence$	−0.002 （−0.07）	0.000 （0.01）	−0.002 （−0.10）	0.006 （0.27）
Age	0.000 （0.33）	0.000 （0.61）	0.000 （−0.38）	0.000 （0.40）

续表

	Lev		*Ldebt*	
	(1)	(2)	(3)	(4)
Change	−0.003 (−1.13)	−0.005* (−1.93)	−0.000 (−0.27)	−0.001 (−0.34)
Firm FE & Year FE _cons	Yes −1.056*** (−7.89)	Yes −1.224*** (−8.04)	Yes −0.759*** (−10.44)	Yes −0.737*** (−8.88)
观测值	14037	11670	14130	11740
R^2	0.155	0.162	0.097	0.083
F值	44.786***	42.363***	25.291***	19.501***

注：*为在10%水平上显著，**为在5%的水平上显著，***为在1%的水平上显著；括号内数据为t值；不同模型间观测值的差异是由不同模型中所选变量的缺失值不同导致的。

2. 基于不同控股股东性质的进一步探讨

已有研究表明，不同控股股东性质会对公司治理和公司绩效等产生不同的影响，如股权性质会对公司投资效率、薪酬激励的有效性以及公司绩效等产生影响。因此，本书进一步探讨了不同控股股东性质下CEO权力对债务融资决策影响的差异。表5.6给出了分别对国有控股公司和民营控股公司的CEO权力与债务融资决策关系的回归结果。其中，模型（1）和模型（2）检验了国有上市公司中CEO权力对债务融资决策的影响。回归结果表明，国有控股上市公司中CEO权力与资产负债率（*Lev*）之间的负相关关系在5%的水平上显著；国有控股上市公司中CEO权力与长期负债比率（*Ldebt*）之间的负相关关系在1%的水平上显著。这表明国有上市公司中随着CEO权力的提高会降低公司的资产负债率和长期负债比率水平。模型（3）和模型（4）检验了民营上市公司中CEO权力对债务融资决策的影响。回归结果表明，民营控股上市公司中的CEO权力与资产负债率以及长期负债比率之间的负向相关关系不显著。分析其原因，可能是因为民营上市公司中企业的负债情况更多的会受到企业外部融资约束的影响，只有企业缓解了融资约束，融到足够的资金，CEO才能够运用手中的权力调整企业的债务融资决策。

表 5.6　　　　　　　基于不同控股股东性质的分析结果

	国有控股		民营控股	
	（1） *Lev*	（2） *Ldebt*	（3） *Lev*	（4） *Ldebt*
Power	−0.008** （−1.99）	−0.007*** （−2.65）	−0.002 （−0.63）	−0.001 （−0.68）
Size	0.054*** （5.94）	0.041*** （6.69）	0.085*** （10.23）	0.035*** （8.03）
Tobin Q	−0.003 （−0.92）	−0.003** （−2.25）	−0.002 （−0.90）	−0.002* （−1.72）
Tang_ratio	0.166*** （6.62）	0.062*** （3.34）	0.303*** （10.62）	0.022 （1.41）
NDTS	−0.920** （−2.52）	−0.776*** （−3.91）	−0.173 （−0.34）	0.115 （0.37）
Insti	−0.004 （−0.34）	−0.008 （−0.91）	0.007 （0.68）	−0.006 （−1.13）
Firm_age	0.045*** （5.24）	0.012** （2.06）	0.056*** （8.11）	0.004 （1.18）
Independence	−0.019 （−0.37）	0.013 （0.37）	0.016 （0.29）	0.002 （0.08）
Age	0.000 （−0.09）	0.000 （−0.59）	0.001 （1.32）	0.000 （0.85）
Change	−0.005 （−1.53）	−0.002 （−0.60）	−0.004 （−0.87）	0.000 （−0.18）
Firm FE & Year FE _cons	Yes −0.804*** （−4.03）	Yes −0.835*** （−5.99）	Yes −1.711*** （−9.19）	Yes −0.744*** （−7.40）
观测值	5739	5776	5740	5770
R^2	0.103	0.085	0.253	0.094
F值	13.238***	10.651***	39.026***	10.026***

注：*为在10%水平上显著，**为在5%的水平上显著，***为在1%的水平上显著；括号内数据为t值；不同模型间观测值的差异是由不同模型中所选变量的缺失值不同导致的。

3. 稳健性检验

为保证回归结果的稳健性，本书进一步采用工具变量法和因变量滞后一期进行回归分析，回归结果如下。

（1）采用CEO权力的行业平均值作为工具变量的检验结果分析。本书采用CEO权力的行业平均值作为工具变量进行了两阶段最小二乘回归（2SLS）进一步验证前文结果，表5.7给出了用CEO权力的行业平均值作为工具变量的回归结果。借鉴Chintrakarn等（2015）选择CEO权力工具变量的逻辑，本书选择CEO权力的行业平均值作为工具变量的内在逻辑是企业内部的一些公司层面债务融资决策可能会在某种程度上影响CEO权力的发挥，但是不太可能会影响行业层面的CEO权力的平均值。因此，行业层面的CEO权力的平均值应该是外生的变量。模型（1）和模型（2）考察了CEO权力的行业平均值作为工具变量对资产负债率的影响的回归结果。回归结果表明，CEO权力与资产负债率（Lev）之间呈现负相关关系，但是并不显著。模型（3）和模型（4）考察了CEO权力的行业平均值作为工具变量对长期负债比率（Ldebt）的影响的回归结果。回归结果表明，CEO权力与长期负债比率（Ldebt）之间的负相关关系在1%的水平上显著，说明CEO权力与长期负债比率之间的负相关关系稳健。

表5.7　CEO权力的行业平均值作为工具变量的回归结果

	Lev		*Ldebt*	
	（1）第一阶段	（2）第二阶段	（3）第一阶段	（4）第二阶段
Power		-0.017 (-1.08)		-0.201*** (-11.04)
Power_ind	0.532*** (12.83)		0.533*** (12.90)	
Size	-0.027*** (-3.30)	0.049*** (28.42)	-0.026*** (-3.28)	0.024*** (11.92)
Tobin Q	0.018** (2.51)	-0.021*** (-14.26)	0.016** (2.30)	-0.001 (-0.55)
Tang_ratio	0.104* (1.94)	0.322*** (29.60)	0.107** (1.99)	0.122*** (9.93)
NDTS	-3.457*** (-6.37)	-2.087*** (-18.34)	-3.555*** (-6.67)	-0.733*** (-5.40)
Insti	-0.311*** (-7.72)	-0.022** (-2.45)	-0.307*** (-7.65)	-0.082*** (-7.51)

续表

	Lev		Ldebt	
	（1）第一阶段	（2）第二阶段	（3）第一阶段	（4）第二阶段
Firm_age	−0.303*** （−29.21）	0.060*** （11.50）	−0.304*** （−29.46）	−0.052*** （−8.43）
Independence	1.120*** （6.90）	−0.029 （−0.89）	1.134*** （7.01）	0.240*** （5.72）
Age	0.027*** （19.12）	−0.001 （−1.13）	0.027*** （19.12）	0.005*** （8.95）
Change	−0.420*** （−19.62）	0.006 （0.81）	−0.420*** （−19.80）	−0.078*** （−8.54）
Year	Yes	Yes	Yes	Yes
_cons	−0.342* （−1.73）	−0.746*** （−19.50）	−0.337* （−1.71）	−0.671*** （−15.03）

注：*为在10%水平上显著，***为在1%的水平上显著；括号内数据为t值；不同模型间观测值的差异是由不同模型中所选变量的缺失值不同导致的。

（2）因变量滞后一期的检验结果分析。考虑到CEO权力对公司债务融资决策的影响可能具有滞后性，无法在当期完全显现；本书对资产负债率和长期负债比率滞后一期的数据进行回归分析，回归结果如表5.8所示。模型（1）考察了CEO权力与滞后一期的资产负债率（L_Lev）之间的关系，模型（2）考察了CEO权力与滞后一期的长期负债比率（L_Ldebt）之间的关系。模型（1）的回归结果表明，CEO权力对资产负债率的负向影响仍然在10%的水平上显著，说明CEO权力与资产负债率之间的负相关关系依然稳健。模型（2）的回归结果表明，CEO权力对长期负债比率的影响仍然为负，但是不再显著。

表5.8　　　　　　　　　　因变量滞后一期的回归结果

	（1）L_Lev	（2）L_Ldebt
Power	−0.005* （−1.87）	−0.002 （−1.27）
lnasset	0.042*** （7.42）	0.025*** （7.57）

续表

	（1） L_Lev	（2） L_Ldebt
Tobin Q	−0.003* （−1.65）	−0.002* （−1.66）
Tang_ratio	0.133*** （7.74）	−0.006 （−0.51）
NDTS	−0.991*** （−4.00）	−0.713*** （−4.00）
Insti	−0.003 （−0.37）	−0.006 （−1.10）
Firm_age	0.050*** （10.09）	0.013*** （4.27）
Independence	0.027 （0.65）	−0.002 （−0.09）
Age	0.000 （0.81）	0.000 （−0.21）
Change	−0.004 （−1.57）	−0.003* （−1.86）
Firm FE & Year FE _cons	Yes −0.643*** （−4.88）	Yes −0.464*** （−6.16）
观测值	10203	10272
R^2	0.074	0.043
F值	21.288	9.971

注：*为在10%水平上显著，***为在1%的水平上显著；括号内数据为t值；不同模型间观测值的差异是由不同模型中所选变量的缺失值不同导致的。

二、CEO权力对企业投资行为影响的实证结果分析

（一）描述性统计结果

表5.9报告了样本公司主要变量的描述性统计结果。从描述性统计结果来看，企业过度投资倾向的均值为0.390，说明39%的样本公司存在投资过度的行为；投资过度程度的均值为0.032，标准差为0.033，中位数为0.022，最大值为0.292，说明在投资过度的样本公司投资过度程度的差异较大；样本

公司CEO权力指标的均值为0.279，标准差为0.458，说明各公司的CEO之间的权力差异较大；样本公司的营业收入增长率均值为0.168，标准差为0.362，最小值为-0.499，最大值为2.978，说明样本公司的成长性差异较大，有些公司处于快速成长期，而有些公司已经处于衰退期。整体看来，样本公司的各项特征指标之间均存在较为明显的差异。

表5.9 变量描述性统计

变量	均值	标准差	中位数	最小值	最大值	样本数（个）
Over_Under	0.390	0.488	0.000	0.000	1.000	13762
Degree	0.032	0.033	0.022	0.000	0.292	13762
Over_Under_Robust1	0.389	0.487	0.000	0.000	1.000	13365
Over_Under_Robust2	0.500	0.500	0.500	0.000	1.000	6684
Power	0.279	0.458	0.138	-0.599	1.561	15318
Size	21.760	1.387	21.625	0.000	28.509	19355
Firm_age	1.978	0.858	2.303	0.000	3.219	17442
FCF	-0.043	0.093	-0.038	-0.500	0.395	18273
Growth	0.168	0.362	0.112	-0.499	2.978	17258
Lev	0.447	0.217	0.447	0.002	1.000	19038
Profit	0.640	0.443	0.539	0.0003	2.983	19177

表5.10报告了根据控股股东性质划分的样本公司的过度投资倾向和投资过度程度的描述性统计情况。从描述性统计结果看来，国有企业的过度投资倾向均值为0.374，即37.4%的国有企业存在投资过度行为，明显低于民营企业0.406和外资企业0.444，即40.6%的民营企业和44.4%的外资企业存在投资过度行为。此外，国有企业的投资过度程度均值为0.029，也明显低于民营企业0.034和外资企业0.034；这说明相对于民营企业和外资企业，国有企业的投资决策相对保守，这可能是因为国有企业受到政府监督，同时具备经济机能和社会机能，投资决策受到限制，因此投资过度行为也受到了约束；而民营企业和外资企业的CEO相对于国有企业的CEO来说具备更高的自由裁量权，在投资决策上受到的约束更小，更可能作出投资过度决策，投资过度的程度也更高。

表 5.10 根据控股股东性质划分的投资决策和投资过度程度的描述性统计

股权性质	变量	均值	标准差	中位数	最小值	最大值	样本数（个）
国有控股	投资决策	0.374	0.484	0.000	0.000	1.000	6645
	投资过度程度	0.029	0.031	0.020	0.000	0.263	6645
民营控股	投资决策	0.406	0.491	0.000	0.000	1.000	6497
	投资过度程度	0.034	0.035	0.024	0.000	0.292	6497
外资控股	投资决策	0.444	0.498	0.000	0.000	1.000	243
	投资过度程度	0.034	0.035	0.023	0.0001	0.241	243
集体控股	投资决策	0.298	0.459	0.000	0.000	1.000	124
	投资过度程度	0.022	0.018	0.021	0.0001	0.091	124
社会团体控股	投资决策	0.400	0.507	0.000	0.000	1.000	15
	投资过度程度	0.025	0.020	0.019	0.004	0.062	15
职工持股会控股	投资决策	0.385	0.493	0.000	0.000	1.000	39
	投资过度程度	0.025	0.026	0.016	0.001	0.103	39
总体	投资决策	0.390	0.488	0.000	0.000	1.000	13563
	投资过度程度	0.032	0.033	0.022	0.000	0.292	13563

（二）变量相关性分析

表5.11给出了各变量之间的相关系数，结果表明，CEO权力与公司过度投资倾向和投资过度程度正相关，初步说明CEO权力的提高会增加公司的过度投资倾向和投资过度程度。但是，由于CEO权力变量与其他变量之间存在一定的相关性，因此，仍需采用多元回归分析进行进一步的验证。此外，控制变量与过度投资倾向和投资过度程度显著相关，说明本研究选取的控制变量较为合理。从变量间的Pearson相关系数可以看出，变量间不存在严重的多重共线性问题。

表 5.11 主要变量相关系数

变量	Over_Under	Degree	Power	Size	FCF	Growth	Lev	Firm_age	Profit
Over_Under	1								
Degree	0.216***	1							

续表

变量	Over_Under	Degree	Power	Size	FCF	Growth	Lev	Firm_age	Profit
Power	0.018*	0.039***	1						
Size	0.037***	−0.105***	−0.150***	1					
FCF	−0.343***	−0.309***	−0.063***	−0.0004	1				
Growth	0.083***	0.082***	0.027***	0.029***	−0.047***	1			
Lev	0.031***	−0.107***	−0.221***	0.422***	−0.047***	0.030***	1		
Firm_age	−0.025***	−0.115***	−0.319***	0.187***	0.172***	−0.086***	0.391***	1	
Profit	−0.017**	−0.070***	−0.058***	0.064***	0.114***	0.045***	0.156***	0.034***	1

注：*为在10%水平上显著，**为在5%的水平上显著，***为在1%的水平上显著。

（三）单因素方差分析

进行回归分析之前，为了更直观地观察CEO权力对企业投资决策的影响，本书按照样本公司CEO权力从小到大排序的第一四分位数、中位数、第三四分位数将过度投资倾向和过度投资程度的均值进行单因素方差分析，结果报告在表5.12中。表5.12的结果表明，经过F统计量检验，四组样本的投资决策均值，即投资过度公司占总样本公司的比例均值之间存在显著差异；此外，单因素方差分析的结果也表明，经过F统计量检验，四组样本的投资过度程度均值之间也存在显著差异。

表 5.12　　过度投资倾向和过度投资程度的均值差异比较

	分组	均值	F值	Bartlett's Test Chi2值
投资决策（投资过度/投资不足）	第一四分位数以下的CEO权力组	0.388	2.22*	0.604
	第一四分位数至中位数之间的CEO权力组	0.392		
	中位数至第三四分位数之间的CEO权力组	0.379		
	第三四分位数以上的CEO权力组	0.4121		
过度投资水平	第一四分位数以下的CEO权力组	0.029	10.27***	14.028***
	第一四分位数至中位数之间的CEO权力组	0.032		
	中位数至第三四分位数之间的CEO权力组	0.031		
	第三四分位数以上的CEO权力组	0.034		

注：*为在10%水平上显著，***为在1%的水平上显著。

(四) CEO权力与投资决策关系的回归分析

本部分检验了假设H2a和假设H2b,即CEO权力与投资决策之间的关系,并基于绩效和行业环境不确定性的差异做了进一步分析。最后,基于投资决策不同的度量方法对回归结果进行了稳健性检验。

1. CEO权力与投资决策关系的回归结果分析

根据前文构建的计量模型,本书进一步检验了CEO权力与投资决策之间的关系以验证假设H2a和假设H2b。为检验假设H2a,即CEO权力与企业过度投资倾向之间的关系,表5.13中的模型(1)和模型(2)给出了CEO权力(Power)与过度投资倾向(Over_Under)之间关系的回归结果;为检验假设H2b,即CEO权力与企业投资过度程度之间的关系,模型(3)和模型(4)给出了CEO权力(Power)与投资过度程度(Degree)之间关系的回归结果。其中,模型(1)考察了控制变量对企业过度投资倾向的影响,模型(2)考察了CEO权力对企业过度投资倾向的影响,模型(3)考察了控制变量对企业投资过度程度的影响,模型(4)则进一步考察了CEO权力对企业投资过度程度的影响。

表5.13中,模型(1)和模型(2)的回归结果表明,CEO权力(Power)对企业过度投资倾向(Over_Under)影响的系数为正,且在10%的显著水平上通过检验,即CEO权力越大,公司的过度投资倾向越高,假设H2a得到了验证。这说明随着CEO权力的强化,他们拥有更多的资源和更少的约束,触发了行为趋近系统发生作用,进而提高了CEO对风险的认知偏见,导致CEO更关注潜在的投资回报,忽略了潜在的投资威胁,因此更倾向于高风险的投资行为。因此,在企业投资决策中,随着CEO权力的提高,CEO可能低估投资风险,导致提高了企业的过度投资倾向。模型(3)和模型(4)的回归结果表明,CEO权力(Power)对投资过度程度(Degree)影响的系数为正,但没有通过显著性检验,假设H2b没有得到验证。

表 5.13 　　　　CEO 权力与投资决策关系的回归结果

	Logit		OLS	
	(1) Over_Under	(2) Over_Under	(3) Degree	(4) Degree
Power		0.049* (1.87)		0.001 (0.66)

续表

	Logit		OLS	
	(1) Over_Under	(2) Over_Under	(3) Degree	(4) Degree
$Size$	0.097*** (4.28)	0.104*** (4.41)	−0.001 (−0.46)	−0.003 (−0.98)
FCF	−11.290*** (−35.66)	−11.349*** (−33.52)	−0.272*** (−21.24)	−0.268*** (−18.72)
$Growth$	0.523*** (8.50)	0.530*** (8.09)	0.010*** (3.92)	0.010*** (3.58)
Lev	−0.534*** (−3.76)	−0.623*** (−4.16)	−0.007 (−0.65)	−0.007 (−0.62)
$Firm\_age$	0.110*** (2.89)	0.144*** (3.50)	0.009** (2.18)	0.007 (1.57)
$Profit$	0.265*** (4.23)	0.288*** (4.40)	−0.002 (−0.43)	0.000 (−0.07)
Year & Industry _cons	Yes −3.328*** (−6.56)	Yes −3.557*** (−6.69)	Yes 0.045 (0.79)	Yes 0.084 (1.32)
观测值	12905	11221	5033	4411
$Chibar2（01）$	125.44***	83.33***		
R^2			0.276	0.271
$Wald\ chi2$	1365.12***	1207.34***		
F值			43.550***	32.181***

注：*为在10%水平上显著，***为在1%的水平上显著；括号内数据为t值；不同模型间观测值的差异是由不同模型中所选变量的缺失值不同导致的。

2.基于绩效和环境不确定性的分组探讨

由于企业绩效和外部行业环境的不确定性可能会对企业的过度投资倾向产生影响，因此，本书根据企业上期绩效均值和外部行业环境不确定性均值分别将样本分为两组，进而考察不同的企业绩效环境下和外部行业环境不确定性环境下，CEO权力对企业过度投资倾向的影响差异。

首先，本书根据企业上期绩效的均值将样本分为两组，一组小于样本均值，另一组大于等于样本均值，并在两组内分别对CEO权力与投资决策的关系进行回归分析。表5.14中模型（1）考察了企业上期绩效低于样本均值的样本组内，CEO权力对企业过度投资倾向的影响；模型（2）考察了企业上期绩效大于等于样本均值的样本组内，CEO权力对企业过度投资倾向的影响。模型（1）的回归结果表明，在上期绩效低于样本均值的样本组内，CEO权力对企业过度投资倾向的正向影响在10%的水平上显著；而模型（2）的回归结果表明，在上期绩效大于等于样本均值的样本组内，CEO权力对企业过度投资倾向则有负向影响，但是这种负向影响并不显著。

此外，本书还根据企业外部环境不确定性的均值将样本分为两组，一组小于样本均值，另一组大于等于样本均值，并在两组内分别对CEO权力与投资决策的关系进行回归分析。表5.14中模型（3）考察了外部行业环境不确定性低于样本均值的样本组内，CEO权力对企业过度投资倾向的影响；模型（2）考察了外部行业环境不确定性大于等于样本均值的样本组内，CEO权力对企业过度投资倾向的影响。模型（3）的回归结果表明，外部行业环境不确定性低于样本均值的样本组内，CEO权力对企业过度投资倾向的正向影响在10%的水平上显著；而模型（4）的回归结果则表明，外部行业环境不确定性大于等于样本均值的样本组内，CEO权力对企业过度投资倾向具有正向影响，但是这种影响并不显著。

表5.14 基于上期绩效和环境不确定性分组的 CEO 权力与企业过度投资倾向关系的回归结果

	Over_Under			
	（1） *Ex_ROA*<均值	（2） *Ex_ROA*≥均值	（3） *Uncertainty*<均值	（4） *Uncertainty*≥均值
Power	0.066* （1.91）	−0.007 （−0.17）	0.056* （1.94）	0.017 （0.29）
Size	0.067** （2.26）	0.028 （0.70）	0.118*** （4.46）	0.084* （1.69）
FCF	−10.483*** （−23.48）	−12.874*** （−23.34）	−13.294*** （−31.35）	−7.228*** （−12.32）
Growth	0.505*** （6.24）	0.498*** （4.33）	0.495*** （6.30）	0.510*** （4.15）
Lev	−0.186 （−0.97）	0.100 （0.37）	−0.690*** （−4.08）	−0.541* （−1.69）
Firm_age	0.175*** （3.12）	0.192*** （3.20）	0.140*** （3.06）	0.177* （1.85）

续表

	Over_Under			
	（1） Ex_ROA<均值	（2） Ex_ROA≥均值	（3） Uncertainty<均值	（4） Uncertainty≥均值
Profit	0.106 （1.27）	0.320*** （3.11）	0.361*** （4.90）	0.011 （0.08）
Year & Industry _cons	Yes −3.131*** （−4.76）	Yes −1.679* （−1.89）	Yes −4.053*** （−6.65）	Yes −2.502** （−2.14）
观测值	6451	4668	8789	2432
Chibar2（01）	28.90***	18.31***	45.51***	22.08***
Wald chi 2	623.32***	615.60***	1055.56***	192.14***

注：*为在10%水平上显著，**为在5%的水平上显著，***为在1%的水平上显著；括号内数据为t值；不同模型间观测值的差异是由不同模型中所选变量的缺失值不同导致的。

3. 基于不同企业过度投资倾向度量方法的CEO权力与过度投资倾向关系的回归结果分析

为了提高前文检验结果的可靠性，本书采用不同的度量方法对企业过度投资倾向变量进行度量。首先使用Richardson（2006）的模型度量企业过度投资倾向时，采用公司上期托宾Q值代替上期的营业收入增长率来计算新增投资，进而求出企业过度投资倾向变量（Over_Under_Robust1）再进行回归分析。模型（1）是采用Over_Under_Robust1作为过度投资倾向的代理变量，再将CEO权力与之进行回归的结果。此外，根据辛清泉等（2007）的研究，在使用Richardson（2006）模型的残差度量投资过度和投资不足时，容易产生系统性偏差。为克服这一问题，本书将度量企业过度投资倾向（Over_Under）的残差按大小等分为三组，并剔除掉中间一组，然后将残差最大的一组作为投资过度组，将残差最小的一组作为投资不足组，进而生成企业过度投资倾向的代理变量（Over_Under_Robust2）。模型（2）是采用Over_Under_Robust2作为过度投资倾向的代理变量，再将CEO权力与之进行回归的结果。表5.15是基于以上两种不同的过度投资倾向度量方法进行回归的结果。模型（1）的结果表明，CEO权力（Power）对过度投资倾向（Over_Under_Robust1）影响的系数为正，且在5%的显著水平上通过检验，即CEO

权力越大，公司越倾向于投资过度，假设H2a再次得到了验证。模型（2）的回归结果表明，CEO权力（Power）对过度投资倾向（Over_Under_Robust2）影响的系数为正，且在5%的显著水平上通过检验，即CEO权力越大，公司越倾向于投资过度，也验证了假设H2a。综合以上回归结果，采用不同的方法度量过度投资倾向的回归结果一致，表明CEO权力越大，公司越倾向于投资过度的结论稳健可靠。

表5.15 基于不同过度投资倾向度量方法的CEO权力与过度投资倾向关系的回归结果

	Logit	
	（1） Over_Under_Robust1	（2） Over_Under_Robust2
Power	0.053** （2.02）	0.078** （2.06）
Size	0.078*** （3.25）	0.203*** （5.65）
FCF	−11.369*** （−33.03）	−17.127*** （−28.93）
Growth	0.510*** （7.64）	0.477*** （4.83）
Lev	−0.539*** （−3.54）	−0.299 （−1.36）
Firm_age	0.146*** （3.52）	0.432*** （7.27）
Profit	0.284*** （4.29）	0.605*** （6.12）
Year & Industry _cons	Yes −3.027*** （−5.60）	Yes −6.119*** （−7.60）
观测值	10913	5497
Chibar2（01）	79.65***	12.76***
Wald chi 2	1164.31***	915.58***

注：**为在5%的水平上显著，***为在1%的水平上显著；括号内数据为t值；不同模型间观测值的差异是由不同模型中所选变量的缺失值不同导致的。

三、CEO权力对企业股利分配政策影响的实证结果分析

（一）描述性统计结果

表5.16报告了样本公司主要变量的描述性统计结果。从描述性统计结果来看，企业股利分配倾向的均值为0.660，说明66%的样本公司派发了现金股利；现金股利分配率的均值为0.209，标准差为0.221，说明样本公司中现金股利分配率的差异较大；样本公司CEO权力指标的均值为0.279，标准差为0.458，说明各公司的CEO之间的权力差异较大；样本公司的每股未分配利润均值为0.963，标准差为1.232，最大值为6.983，说明我国上市公司整体留存收益较多，可能在一定程度上存在不分配或少分配现金股利的问题，且各样本公司在分配现金股利的金额方面存在一定的差异；样本公司的营业收入增长率均值为0.168，标准差为0.362，最小值为-0.499，最大值为2.978，说明样本公司的成长性差异较大，有些公司处于快速成长期，而有些公司已经处于衰退期。整体看来，样本公司的各项特征指标之间均存在较为明显的差异。

表5.16　　　　　　　　　变量描述性统计

变量	均值	标准差	中位数	最小值	最大值	观测值
D	0.660	0.474	1.000	0.000	1.000	19353
Div_rate	0.209	0.221	0.167	0.000	1.000	18779
$Power$	0.279	0.458	0.138	−0.599	1.561	15318
$Size$	21.760	1.387	21.63	0.000	28.509	19355
Lev	0.447	0.217	0.447	0.002	1.000	19038
$Firm\_age$	1.978	0.858	2.303	0.000	3.219	17442
$Cash$	0.179	0.151	0.133	0.000	0.799	19228
Dps	0.963	1.232	0.868	−2.994	6.983	18862
$Growth$	0.168	0.362	0.112	−0.499	2.978	17258

表5.17报告了根据控股股东性质划分的样本公司的现金股利分配倾向和现金股利分配率的描述性统计情况。从描述性统计结果看来，国有企业的现金股利分配倾向均值为0.620，即平均62%的国有企业分配了现金股利，明显

低于民营企业0.691和外资企业0.702，即平均69.1%的民营企业和70.2%的外资企业分配了现金股利。此外，国有企业的现金股利分配率均值为0.186，也明显低于民营企业0.227和外资企业0.260；民营企业的现金股利分配倾向更高，且分配的利润比例更高，这可能是因为民营企业没有政府支持，债务融资约束较强，股权融资可能是其主要的融资途径。因此，相对于国有企业来说，民营企业更需要通过发放现金股利的方式向资本市场传递利好信号，吸引投资者进行投资。

表 5.17 根据股权性质划分的现金股利分配倾向和股利分配率的描述性统计

股权性质	变量	均值	标准差	中位数	最小值	最大值	样本数（个）
国有控股	现金股利分配倾向	0.620	0.486	1.000	0.000	1.000	8699
	现金股利分配率	0.186	0.206	0.139	0.000	0.994	8480
民营控股	现金股利分配倾向	0.691	0.462	1.000	0.000	1.000	9529
	现金股利分配率	0.227	0.231	0.183	0.000	1.000	9219
外资控股	现金股利分配倾向	0.702	0.458	1.000	0.000	1.000	346
	现金股利分配率	0.260	0.253	0.216	0.000	0.985	323
集体控股	现金股利分配倾向	0.636	0.483	1.000	0.000	1.000	173
	现金股利分配率	0.213	0.221	0.190	0.000	0.995	164
社会团体控股	现金股利分配倾向	0.778	0.428	1.000	0.000	1.000	18
	现金股利分配率	0.314	0.310	0.254	0.000	0.954	17
职工持股会控股	现金股利分配倾向	0.459	0.503	0.000	0.000	1.000	61
	现金股利分配率	0.130	0.179	0.000	0.000	0.704	60
总体	现金股利分配倾向	0.657	0.475	1.000	0.000	1.000	18826
	现金股利分配率	0.208	0.221	0.164	0.000	1.000	18263

（二）变量相关性分析

表5.18给出了各变量之间的相关系数，结果表明，CEO权力与公司现金股利分配倾向和现金股利分配率正相关，初步说明CEO权力的提高会增加公司的现金股利分配倾向和现金股利分配率。但是，由于CEO权力变量与其他变量之间存在一定的相关性，因此，仍需采用多元回归分析进行进一步的验证。此外，控制变量与现金股利分配倾向和现金股利分配率显著相关，说明本研究选取的控制变量较为合理。从变量间的Pearson相关系数可以看出，变

量间不存在严重的多重共线性问题。

表5.18 主要变量相关系数

变量	D	Div_rate	Power	Size	Lev	Firm_age	Cash	Dps	Growth
D	1								
Div_rate	0.695***	1							
Power	0.123***	0.122***	1						
Size	0.216***	0.086***	−0.150***	1					
Lev	−0.259***	−0.293***	−0.221***	0.422***	1				
Firm_age	−0.264***	−0.252***	−0.319***	0.187***	0.391***	1			
Cash	0.224***	0.241***	0.164***	−0.232***	−0.500***	−0.302***	1		
Dps	0.511***	0.285***	0.086***	0.355***	−0.195***	−0.143***	0.159***	1	
Growth	0.084***	−0.016**	0.027***	0.029***	0.030***	−0.086***	0.044***	0.051***	1

注：***为在1%的水平上显著。

（三）单因素方差分析

进行回归分析之前，为了更直观地观察CEO权力对股利分配决策的影响，本书按照样本公司CEO权力从小到大排序的第一四分位数、中位数、第三四分位数将现金股利分配倾向和现金股利分配率的均值进行单因素方差分析，结果报告在表5.19中。表5.19的结果表明，随着CEO权力的提高，公司现金股利分配倾向的均值逐渐提高，且经过F统计量检验，四组样本的现金股利分配倾向均值之间存在显著差异，即分配现金股利的公司占总样本公司的比例均值之间存在显著差异；此外，单因素方差分析的结果也表明，随着CEO权力的提高，公司现金股利分配率的均值也逐渐提高，且经过F统计量检验，四组样本的现金股利分配率均值之间存在显著差异。总体看来，单因素方差分析的结果初步验证了CEO权力的提高会提高现金股利分配倾向和现金股利分配率的假设。当然，CEO权力与现金股利分配倾向和现金股利分配率之间的关系仍需进一步的计量检验。

表 5.19 股利分配倾向和股利分配率的均值差异比较

分组		均值	F值	Bartlett's Test Chi2值
现金股利分配倾向	第一四分位数以下的CEO权力组	0.583	82.86***	58.631***
	第一四分位数至中位数之间的CEO权力组	0.669		
	中位数至第三四分位数之间的CEO权力组	0.709		
	第三四分位数以上的CEO权力组	0.741		
股利分配率	第一四分位数以下的CEO权力组	0.168	88.75***	68.427***
	第一四分位数至中位数之间的CEO权力组	0.213		
	中位数至第三四分位数之间的CEO权力组	0.231		
	第三四分位数以上的CEO权力组	0.247		

注：***为在1%的水平上显著。

（四）CEO权力与股利分配决策关系的回归分析

本部分检验了假设H3a和假设H3b，即CEO权力与股利分配决策之间的关系，并基于控股股东性质的差异做了进一步分析。最后，进行了因变量滞后一期的检验以控制内生性，并保证检验结果的稳健性。

1. CEO权力与股利分配决策关系的回归结果分析

根据前文构建的计量模型，本书进一步检验了CEO权力与股利分配决策之间的关系以验证假设H3a和假设H3b。表5.20给出了CEO权力（Power）与现金股利分配倾向（D）和现金股利分配率（Div_rate）之间关系的回归结果。其中，模型（1）考察了控制变量对现金股利分配倾向（D）的影响，模型（2）考察了CEO权力（Power）对现金股利分配倾向（D）的影响，模型（3）考察了控制变量对现金股利分配率（Div_rate）的影响，模型（4）考察了CEO权力（Power）对现金股利分配率（Div_rate）的影响。

表5.20中，模型（1）和模型（2）的回归结果表明，CEO权力（Power）对现金股利分配倾向（D）影响的系数为正，且在5%的显著水平上通过检验，即CEO权力越大，公司越倾向于发放现金股利，假设H3a得到了验证。模型（3）和模型（4）的回归结果表明，CEO权力（Power）对现金股利分配率（Div_rate）影响的系数为正，且在10%的显著水平上通过检验，即CEO权力越大，公司的现金股利分配率越高，假设H3b得到了验证。这说明

强权CEO更倾向于通过向资本市场传递公司利好信号的方式提高公司在投资者心中的市场价值，吸引投资者投资。随着CEO权力的增加，CEO获得了更多的资源和较少的约束，不再需要通过留取股利的方式提高控制权。此外，通过留存股利的方式所获取的自由现金流规模有限，仅限于部分企业利润盈余，强权CEO更倾向于通过向资本市场传递公司利好信号的方式提高公司在投资者心中的市场价值，从而吸引投资者，获取其高额投资。

表 5.20　　　　　CEO 权力与股利分配决策关系的回归结果

	Logit		OLS	
	（1） D	（2） D	（3） Div_rate	（4） Div_rate
$Power$		0.108** （2.43）		0.006* （1.91）
$Size$	0.615*** （11.73）	0.620*** （10.59）	0.031*** （5.70）	0.031*** （5.20）
Lev	−3.765*** （−13.43）	−3.618*** （−11.49）	−0.216*** （−10.04）	−0.195*** （−8.22）
$Firm\_age$	−0.649*** （−11.01）	−0.687*** （−10.29）	−0.036*** （−4.80）	−0.038*** （−4.52）
$Cash$	2.024*** （5.65）	1.900*** （4.69）	0.092*** （3.78）	0.098*** （3.71）
Dps	1.618*** （27.37）	1.695*** （25.18）	0.015*** （4.64）	0.019*** （5.39）
$Growth$	0.493*** （6.24）	0.527*** （5.81）	−0.010** （−2.35）	−0.011** （−2.15）
$Tang\_ratio$	−0.331 （−1.26）	−0.445 （−1.50）	0.012 （0.57）	0.010 （0.45）
$Insti$	0.690*** （4.11）	0.712*** （3.73）	−0.012 （−0.96）	−0.009 （−0.65）
$Independence$	−1.119* （−1.66）	−1.509** （−1.99）	−0.071 （−1.37）	−0.059 （−0.92）
$Year$	Yes	Yes	Yes	Yes
$Industry\_cons$	Yes −11.539*** （−10.31）	Yes −11.020*** （−8.70）	No −0.330*** （−2.86）	No −0.328** （−2.50）

续表

	Logit		OLS	
	（1） D	（2） D	（3） Div_rate	（4） Div_rate
观测值	15085	12459	14613	12063
Chibar2（01）	1313.21***	1010.25***		
Wald chi2	1653.00***	1313.94***		
R^2			0.045	0.046
F值			24.855***	21.565***

注：*为在10%水平上显著，**为在5%的水平上显著，***为在1%的水平上显著；括号内数据为t值；不同模型间观测值的差异是由不同模型中所选变量的缺失值不同导致的。

2.基于控股股东性质的进一步探讨

已有研究表明，不同控股股东性质会对公司决策产生不同的影响，如股权性质会对公司投资效率、薪酬激励的有效性以及公司绩效等产生影响（张耀伟等，2015；辛清泉等，2007；马连福等，2013；夏立军等，2011）。因此，本书进一步探讨了不同控股股东性质下CEO权力对股利分配决策影响的差异。表5.21给出了分别对国有控股公司和民营控股公司的CEO权力与股利分配决策关系的回归结果。其中，模型（1）和模型（2）检验了国有上市公司中CEO权力对股利分配决策的影响。回归结果表明，国有控股上市公司中CEO权力与现金股利分配倾向（D）和现金股利分配率（Div_rate）正相关，但是这种正相关关系并不显著；这可能是因为国有企业的CEO通常由控股集团公司任命，其股利分配决策会受到控股集团公司限制，且国有企业融资约束较小，债务融资较为容易，因此，相对于民营企业，不需要通过发放现金股利的方式向资本市场传递利好信号进行股权融资。模型（3）和模型（4）检验了民营上市公司中CEO权力对股利分配决策的影响。模型（3）的回归结果表明，民营控股上市公司中的CEO权力与现金股利分配倾向（D）正相关，且在5%的水平上通过了显著性检验；模型（4）的回归结果表明，民营控股上市公司的CEO权力和现金股利分配率（Div_rate）正相关，且在5%的水平上通过了显著性检验。结果表明，相对于国有企业，民营企业有更强的动机通过发放现金股利的方式向资本市场传递利好信号，从而吸引投资者投资。

表 5.21 根据控股股东性质分组的 CEO 权力与股利分配决策关系的回归结果

	国有控股		民营控股	
	（1）	（2）	（3）	（4）
	D	Div_rate	D	Div_rate
Power	0.098	0.002	0.130**	0.010**
	（1.17）	（0.28）	（2.38）	（2.21）
Size	0.610***	0.032***	0.608***	0.027***
	（7.43）	（3.64）	（6.52）	（3.08）
Lev	−4.180***	−0.225***	−3.138***	−0.139***
	（−8.76）	（−6.48）	（−7.14）	（−4.06）
Firm_age	−0.742***	−0.032*	−0.644***	−0.042***
	（−5.90）	（−1.92）	（−7.13）	（−3.77）
Cash	2.316***	0.065	1.932***	0.110***
	（3.36）	（1.43）	（3.73）	（3.26）
Dps	1.666***	0.017***	1.783***	0.021***
	（18.40）	（3.88）	（16.69）	（3.51）
Growth	0.458***	−0.005	0.602***	−0.017**
	（3.38）	（−0.67）	（4.73）	（−2.33）
Tang_ratio	−0.746*	0.008	−0.136	0.002
	（−1.69）	（0.22）	（−0.32）	（0.07）
Insti	1.334***	0.027	0.315	−0.028
	（4.54）	（1.52）	（1.18）	（−1.44）
Independence	1.096	0.095	−3.381***	−0.219**
	（0.94）	（1.06）	（−3.22）	（−2.40）
Year & Industry	Yes	Yes	Yes	Yes
_cons	−11.174***	−0.418**	−10.775***	−0.215
	（−6.17）	（−2.13）	（−5.28）	（−1.22）
观测值	5885	5713	6367	6162
Chibar2（01）	530.06***		421.62***	
R^2		0.042		0.053
Wald chi 2	640.32***		636.46***	
F值		9.956***		12.122***

注：*为在10%水平上显著，**为在5%的水平上显著，***为在1%的水平上显著；括号内数据为t值；不同模型间观测值的差异是由不同模型中所选变量的缺失值不同导致的。

3.因变量滞后一期的回归结果分析

CEO权力对股利分配决策的影响可能存在一定的滞后性，当期无法完全显现。同时，为了降低内生性的影响，本书对现金股利分配倾向（D）和现金股利分配率（Div_rate）滞后一期的数据进行回归，回归结果如表5.22所示。模型（1）考察了CEO权力对滞后一期的现金股利分配倾向（D）的影响，模型（2）考察了CEO权力对滞后一期的现金股利分配率（L_debt）的影响。模型（1）的回归结果表明，CEO权力与滞后一期的现金股利分配倾向（L_D）在1%的水平上显著正相关，说明CEO权力与现金股利分配倾向之间的正相关关系仍然稳健；模型（2）的回归结果表明，CEO权力与滞后一期的现金股利分配率（L_Div_rate）在5%的水平上显著正相关，说明CEO权力与现金股利分配率之间的正相关关系依然稳健。整体看来，因变量滞后一期的回归结果与CEO权力与股利分配决策的回归结果一致，CEO权力与股利分配政策的正相关关系稳健。

表5.22　　　　　　　　因变量滞后一期的回归结果

	（1） L_D	（2） L_Div_rate
$Power$	0.126*** （3.68）	0.008** （1.99）
$Size$	0.323*** （8.08）	0.023*** （3.33）
Lev	−2.052*** （−9.20）	−0.087*** （−3.24）
$Firm\_age$	−0.644*** （−13.06）	−0.032*** （−3.48）
$Cash$	0.331 （1.09）	0.050* （1.65）
Dps	0.627*** （16.16）	0.018*** （4.75）
$Growth$	0.398*** （5.33）	0.001 （0.16）
$Tang\_ratio$	−0.398* （−1.77）	−0.003 （−0.12）

续表

	（1） L_D	（2） L_Div_rate
Insti	0.776*** （5.21）	−0.035** （−2.40）
Independence	−0.774 （−1.32）	−0.087 （−1.28）
Year & Industry _cons	Yes −5.069*** （−5.83）	Yes −0.176 （−1.18）
观测值	12458	10176
Chibar2（01）	1313.04***	
Wald chi 2	527.28***	
R^2		0.031
F值		13.654***

注：*为在10%水平上显著，**为在5%的水平上显著，***为在1%的水平上显著；括号内数据为t值；不同模型间观测值的差异是由不同模型中所选变量的缺失值不同导致的。

第二节　企业内外部环境对CEO权力与企业财务决策关系影响的实证结果分析

本节考察了企业内外部环境对CEO权力与企业财务决策关系的影响。根据前文提出的研究假设和构建的计量模型，以企业上期绩效和外部行业环境不确定性作为企业内外部环境的代理变量，分别对企业内外部环境对CEO权力与企业债务融资决策、投资行为决策和股利分配决策的关系进行了实证检验并对实证结果进行了分析。

一、企业内外部环境对CEO权力与债务融资决策关系影响的实证结果分析

表5.23给出了企业内外部环境对CEO权力与债务融资决策关系的调节效

应回归结果。其中,模型(1)考察了企业上期绩效(*Ex_ROA*)对CEO权力(*Power*)与资产负债率(*Lev*)之间关系的调节效应;模型(2)考察了企业上期绩效(*Ex_ROA*)对CEO权力(*Power*)与长期负债比率(*L_debt*)之间关系的调节效应;模型(3)考察了外部行业环境不确定性(*Uncertainty*)对CEO权力(*Power*)与资产负债率(*Lev*)之间关系的调节效应;模型(4)考察了外部行业环境不确定性(*Uncertainty*)对CEO权力(*Power*)与长期负债比率(*L_debt*)之间关系的调节效应。

(一)企业上期绩效对CEO权力与债务融资决策关系影响的实证结果分析

表5.23中模型(1)的回归结果表明,上期绩效与CEO权力的交互项(*Power*×*Ex_ROA*)系数为正,并在5%的显著水平上通过检验,即企业上期绩效越好,CEO权力与资产负债率之间的负相关关系越弱,假设H4a得到了验证。模型(2)的回归结果表明,上期绩效与CEO权力的交互项(*Power*×*Ex_ROA*)系数为正,但是并不显著,假设H4b没有得到验证。这说明当上一年度的企业绩效较好时,CEO面临的决策环境相对宽松,这种宽松的内部决策环境提高了CEO对决策的自信心,降低了强权CEO对风险的规避程度,进而削弱了CEO运用手中的权力进行风险规避的动机。

(二)外部行业环境不确定性对CEO权力与债务融资决策关系影响的实证结果分析

表5.23中模型(3)的回归结果表明,外部行业环境不确定性与CEO权力的交互项(*Power*×*Uncertainty*)系数为负,且在10%的显著水平上通过检验,即企业外部行业环境不确定性越强,CEO权力与资产负债率之间的负相关关系越强,假设H5a得到了验证。说明在高行业环境不确定性的环境下,当CEO运用他们手中的权力进行资产负债率决策时,CEO更加依赖他们固有的个人经验和认知偏见来处理行业信息的不准确性和行业竞争环境的不可预测性,进而强化了他们固有的风险规避动机。模型(4)的回归结果表明,外部行业环境不确定性与CEO权力的交互项(*Power*×*Uncertainty*)系数为正,且没有通过显著性检验,假设H5b没有得到验证。

表 5.23　　上期绩效和外部行业不确定性对 CEO 权力与债务融资决策关系的调节效应回归结果

	Ex_ROA 的调节效应		*Uncertianty* 的调节效应	
	（1） *Lev*	（2） *Ldebt*	（3） *Lev*	（4） *Ldebt*
Power×Ex_ROA	0.003** （2.14）	0.001 （0.73）		
Ex_ROA	−0.029*** （−15.20）	−0.007*** （−5.34）		
Power×Uncertainty			−0.006* （−1.71）	0.001 （0.75）
Uncertainty			0.003 （0.67）	0.001 （0.57）
Power	−0.003 （−1.34）	−0.003* （−1.87）	−0.005** （−1.97）	−0.003** （−2.10）
Size	0.074*** （11.61）	0.038*** （10.15）	0.066*** （9.84）	0.036*** （9.86）
TobinQ	0.001 （0.65）	−0.002*** （−2.67）	−0.002 （−1.29）	−0.002*** （−3.07）
Tang_ratio	0.217*** （10.92）	0.045*** （3.65）	0.234*** （11.35）	0.049*** （3.99）
NDTS	−1.086*** （−3.66）	−0.700*** （−4.56）	−0.791*** （−2.59）	−0.538*** （−3.28）
Insti	0.006 （0.81）	−0.006 （−1.19）	0.002 （0.32）	−0.007 （−1.34）
Firm_age	0.042*** （8.92）	0.005* （1.82）	0.054*** （11.16）	0.008*** （2.96）
Independence	0.001 （0.01）	0.004 （0.19）	0.001 （0.02）	0.006 （0.27）
Age	0.000 （0.64）	0.000 （0.13）	0.000 （0.54）	0.000 （0.42）
Change	−0.005** （−2.04）	−0.001 （−0.48）	−0.005** （−1.98）	−0.001 （−0.34）
Year & Industry _*cons*	Yes −1.393*** （−9.57）	Yes −0.771*** （−9.06）	Yes −1.221*** （−8.04）	Yes −0.739*** （−8.89）
观测值	11565	11619	11664	11734

续表

	Ex_ROA的调节效应		$Uncertainty$的调节效应	
	（1） Lev	（2） $Ldebt$	（3） Lev	（4） $Ldebt$
R^2	0.212	0.091	0.163	0.083
F值	54.936***	18.217***	38.024***	17.532***

注：*为在10%水平上显著，**为在5%的水平上显著，***为在1%的水平上显著；括号内数据为t值；不同模型间观测值的差异是由不同模型中所选变量的缺失值不同导致的。

（三）国有企业内外部环境调节效应的分析

表5.6的回归结果表明，相对于民营企业，国有企业的CEO更倾向于运用手中的权力影响企业债务融资决策，而民营控股上市公司中的CEO权力与债务融资决策之间的相关关系并不显著。分析原因，可能是因为在中国的制度环境下，国有企业拥有政府支持，因此，受到的融资约束较小，债务资本成本较低，因此国有企业更倾向于采用债务融资的方式进行融资，国有企业的CEO也更倾向于运用手中的权力影响资产负债率和长期负债比率等债务融资决策；而民营上市公司中企业的负债情况更多的会受到企业外部融资约束的影响，只有企业缓解了融资约束，融到足够的资金，CEO才能够运用手中的权力调整企业的债务融资决策，因此二者关系并不显著。

在此基础上，本书进一步探讨了国有企业上期绩效和外部行业环境不确定性对CEO权力与债务融资决策之间关系的差异化影响。表5.24给出了国有企业上期绩效和外部行业环境不确定性对CEO权力与债务融资决策之间关系的调节效应的回归结果。其中，模型（1）考察了国有企业上期绩效对CEO权力与资产负债率之间关系的调节效应；模型（2）考察了国有企业上期绩效对CEO权力与长期负债比率之间关系的调节效应；模型（3）考察了国有企业外部行业环境不确定性对CEO权力与资产负债率之间关系的调节效应；模型（4）考察了企业外部行业环境不确定性对CEO权力与长期负债比率之间关系的调节效应。

模型（1）的回归结果表明，国有企业上期绩效与CEO权力的交互项（$Power\times Ex\_ROA$）系数为正，但是并没有通过显著性检验；模型（2）的回归结果表明，国有企业上期绩效与CEO权力的交互项（$Power \times Ex\_ROA$）系数为正，并在10%的显著水平上通过检验，即国有企业上期绩效越好，CEO权力与长期负债比率之间的负相关关系越弱；模型（3）的回归结果表明，国有企业外部行业环境不确定性与CEO权力的交互项（$Power \times Uncertainty$）系数为负，但是并没有通过显著性检验；模型（4）的回归结果表明，国有企业外部行业不确定性与CEO权力的交互项（$Power \times Uncertainty$）系数为正，且在5%的显著水平上通过检验，即国有企业外部行业不确定性越高，CEO权力与长期负债比率之间的负相关关系越弱。分析其原因，可能是因为国有企业CEO通常由控股集团公司任命，当企业面临高外部行业环境不确定性时，长期负债成为一种相对稳定的财务决策，国企CEO为规避高外部行业环境不确定性带来的财务决策风险会更倾向于采用一种相对稳定的财务决策以避免决策失误带来的损失。

表5.24 国有企业上期绩效和外部行业不确定性对CEO权力与债务融资决策关系的调节效应回归结果

	Ex_ROA的调节效应		$Uncertainty$的调节效应	
	（1） Lev	（2） $Ldebt$	（3） Lev	（4） $Ldebt$
$Power \times Ex\_ROA$	0.003 （1.26）	0.003* （1.65）		
Ex_ROA	−0.030*** （−11.05）	−0.006*** （−2.95）		
$Power \times Uncertainty$			−0.002 （−0.33）	0.006** （2.05）
$Uncertainty$			0.005 （0.90）	0.002 （0.75）
$Power$	−0.006 （−1.56）	−0.006** （−2.15）	−0.008** （−1.97）	−0.006** （−2.41）
$Size$	0.066*** （8.29）	0.045*** （7.10）	0.054*** （5.97）	0.041*** （6.69）
$Tobin\ Q$	0.002 （0.79）	−0.003* （−1.79）	−0.002 （−0.88）	−0.003** （−2.32）
$Tang\_ratio$	0.136*** （5.74）	0.056*** （2.99）	0.166*** （6.64）	0.061*** （3.30）

续表

	Ex_ROA的调节效应		Uncertianty的调节效应	
	（1） Lev	（2） Ldebt	（3） Lev	（4） Ldebt
NDTS	−1.149*** （−3.24）	−0.899*** （−4.41）	−0.933** （−2.55）	−0.767*** （−3.83）
Insti	0.005 （0.47）	−0.006 （−0.66）	−0.003 （−0.32）	−0.008 （−0.92）
Firm_age	0.034*** （4.35）	0.010* （1.67）	0.046*** （5.30）	0.013** （2.21）
Independence	−0.020 （−0.44）	0.013 （0.37）	−0.018 （−0.36）	0.014 （0.39）
Age	0.000 （0.21）	0.000 （−0.44）	0.000 （−0.12）	0.000 （−0.49）
Change	−0.004 （−1.38）	−0.001 （−0.47）	−0.005 （−1.55）	−0.001 （−0.53）
Firm FE & Year FE _cons	Yes −1.130*** （−6.20）	Yes −0.912*** （−6.35）	Yes −0.867*** （−4.19）	Yes −0.857*** （−5.93）
观测值	5691	5718	5738	5775
R^2	0.171	0.095	0.104	0.087
F值	23.985	10.043	12.013	9.639

注：*为在10%水平上显著，**为在5%的水平上显著，***为在1%的水平上显著；括号内数据为t值；不同模型间观测值的差异是由不同模型中所选变量的缺失值不同导致的。

二、企业内外部环境对CEO权力与投资行为关系影响的实证结果分析

表5.13的回归结果验证了假设H2a，即CEO权力越大，公司的过度投资倾向越高。而假设H2b，即CEO权力越大，公司的过度投资程度越高并没有得到验证。本书在此基础上进一步检验了企业内外部环境对CEO权力与企业投资决策之间关系的影响。根据前文提出的研究假设和构建的计量模型，以企业上期绩效和外部行业环境不确定性作为企业内外部环境的代理变量，分别针对企业内外部环境对CEO权力与企业过度投资倾向之间关系的影响进行

了实证检验并对实证结果进行了分析。

表5.25给出了企业内外部环境对CEO权力与企业过度投资倾向关系的调节效应回归结果。其中,模型(1)考察了企业上期绩效(Ex_ROA)对CEO权力($Power$)与企业过度投资倾向($Over\_Under$)之间关系的调节效应;模型(2)考察了外部行业环境不确定性($Uncertainty$)对CEO权力($Power$)与企业过度投资倾向($Over\_Under$)之间关系的调节效应。

表5.25 上期绩效和外部行业不确定性对CEO权力与投资行为关系的调节效应回归结果

	Logit回归	
	(1) $Over\_Under$	(2) $Over\_Under$
$Power \times Ex\_ROA$	−0.017 (−0.63)	
Ex_ROA	0.343*** (11.04)	
$Power \times Uncertainty$		−0.050 (−1.24)
$Uncertainty$		−0.039 (−0.71)
$Power$	0.035 (1.37)	0.039 (1.44)
$Size$	0.030 (1.24)	0.104*** (4.41)
FCF	−11.555*** (−33.96)	−11.350*** (−33.52)
$Growth$	0.535*** (8.08)	0.531*** (8.10)
Lev	0.110 (0.68)	−0.621*** (−4.15)
$Firm\_age$	0.189*** (4.62)	0.146*** (3.54)
$Profit$	0.176*** (2.70)	0.289*** (4.42)
Year & Industry _cons	Yes −2.178*** (−4.03)	Yes −3.568*** (−6.71)

续表

	Logit回归	
	（1） Over_Under	（2） Over_Under
观测值	11119	11221
Chibar2（01）	60.01***	82.37***
Wald chi 2	1288.42***	1209.00***

注：***为在1%的水平上显著；括号内数据为t值；不同模型间观测值的差异是由不同模型中所选变量的缺失值不同导致的。

模型（1）的回归结果表明，上期绩效与CEO权力的交互项（Power×Ex_ROA）系数为负，但是没有通过显著性检验，假设H6a没有得到验证，即企业上期绩效对CEO权力与企业过度投资倾向之间关系的影响并不显著。模型（2）的回归结果表明，外部行业环境不确定性与CEO权力的交互项（Power×Uncertainty）系数为负，但是并没有通过显著性检验，假设H7a没有得到验证，即企业外部行业环境不确定性对CEO权力与企业过度投资倾向之间关系的影响并不显著。这说明当企业上期绩效较好或外部行业环境不确定较高时，CEO为了规避过度投资决策失误带来的风险，其过度投资倾向受到了抑制，但是这种抑制效应并不显著可能是因为CEO运用手中的权力进行投资决策的情境根据企业大型投资项目的具体情况而有所差异，并不完全取决于企业内外部环境的差异。未来相关研究可以进一步探究影响CEO权力与企业过度投资倾向之间关系的其他重要情境要素。

三、企业内外部环境对CEO权力与股利分配政策关系影响的实证结果分析

表5.20的回归结果验证了假设H3a，即CEO权力越大，企业越倾向于发放现金股利，而假设H3b，即CEO权力越大，企业的股利分配率越高。本书在此基础上进一步检验了企业内外部环境对CEO权力与企业股利分配决策之间关系的影响。根据前文提出的研究假设和构建的计量模型，以企业上期绩效和外部行业环境不确定性作为企业内外部环境的代理变量，分别针对企业

内外部环境对CEO权力与企业现金股利分配倾向和现金股利分配率之间关系的影响进行了实证检验并对实证结果进行了分析。

表5.26给出了企业内外部环境对CEO权力与企业股利分配决策关系的调节效应回归结果。其中，模型（1）和模型（2）考察了企业上期绩效（Ex_ROA）对CEO权力（$Power$）与企业现金股利分配倾向（D）和现金股利分配率（Div_rate）之间关系的调节效应；模型（3）和模型（4）考察了外部行业环境不确定性（$Uncertainty$）对CEO权力（$Power$）与企业现金股利分配倾向（D）和现金股利分配率（Div_rate）之间关系的调节效应。

模型（1）的回归结果表明，上期绩效与CEO权力的交互项（$Power×Ex\_ROA$）系数为正，但是没有通过显著性检验，假设H8a没有得到验证，即企业上期绩效对CEO权力与企业现金股利分配倾向之间关系的影响并不显著。模型（2）的回归结果表明，上期绩效与CEO权力的交互项（$Power×Ex\_ROA$）系数为负，且没有通过显著性检验，假设H8b没有得到验证。模型（3）的回归结果表明，企业外部行业环境不确定性与CEO权力的交互项（$Power×Uncertainty$）系数为负，但是并没有通过显著性检验，假设H9a没有得到验证，即企业外部行业环境不确定性对CEO权力与企业现金股利分配倾向之间关系的影响并不显著。模型（4）的回归结果表明，企业外部行业环境不确定性与CEO权力的交互项（$Power×Uncertainty$）系数为负，但是并没有通过显著性检验，假设H9b没有得到验证，即企业外部行业环境不确定性对CEO权力与企业现金股利分配率之间关系的影响并不显著。这说明当企业外部行业环境不确定较高时，CEO在进行股利分配决策时由于无法掌握足够的市场信息增加了其决策的模糊性和决策难度，CEO需要留存一定的利润盈余以应对外部行业不确定性带来的风险。此外，由于行业不确定性高，对投资者的吸引力下降，CEO进行分配现金股利和提高股利分配比率的行为可能不足以吸引投资者进行投资。整体看来，当企业外部环境不确定性较高时，CEO可能会留存一定的利润盈余以应对高行业环境不确定性可能带来的风险，因此削弱了CEO权力与股利分配决策之间的正向关系。但是环境不确定性的调节效应影响并不显著，可能是因为CEO在运用手中的权力进行股利分配决策时也要考虑到企业的融资需求等要素的影响。未来相关研究可以进一步探究影响CEO权力与企业股利分配决策之间关系的其他重要情境要素。

表5.26　企业上期绩效和外部行业不确定性对CEO权力与股利分配政策关系的调节效应回归结果

	Ex_ROA的调节效应		Uncertainty的调节效应	
	（1） D	（2） Div_rate	（3） D	（4） Div_rate
Power×Ex_ROA	0.010 （0.20）	−0.003 （−1.06）		
Ex_ROA	0.481*** （9.00）	−0.003 （−1.03）		
Power×Uncertainty			−0.093 （−1.40）	−0.006 （−1.40）
Uncertainty			0.028 （0.35）	0.000 （0.09）
Power	0.098** （2.22）	0.007* （1.96）	0.092** （1.99）	0.005 （1.60）
Size	0.585*** （10.17）	0.033*** （5.29）	0.619*** （10.59）	0.031*** （5.16）
Lev	−3.130*** （−9.95）	−0.208*** （−8.51）	−3.605*** （−11.45）	−0.196*** （−8.24）
Firm_age	−0.595*** （−8.94）	−0.039*** （−4.59）	−0.688*** （−10.30）	−0.039*** （−4.65）
Cash	1.781*** （4.39）	0.102*** （3.83）	1.921*** （4.74）	0.098*** （3.71）
Dps	1.502*** （22.11）	0.019*** （5.49）	1.699*** （25.17）	0.019*** （5.43）
Growth	0.577*** （6.36）	−0.011** （−2.19）	0.528*** （5.82）	−0.011** （−2.13）
Tang_ratio	−0.186 （−0.63）	0.012 （0.52）	−0.432 （−1.46）	0.010 （0.45）
Insti	0.657*** （3.45）	−0.006 （−0.46）	0.718*** （3.76）	−0.008 （−0.62）
Independence	−1.501** （−1.99）	−0.060 （−0.95）	−1.526** （−2.01）	−0.059 （−0.92）
Year & Industry _cons	Yes −10.474*** （−8.41）	Yes −0.366*** （−2.67）	Yes −11.015*** （−8.69）	Yes −0.320** （−2.43）
观测值	12352	11956	12459	12057
Chibar2（01）	901.97***		1009.88***	
R^2		0.047		0.046

续表

	Ex_ROA 的调节效应		*Uncertainty* 的调节效应	
	（1） D	（2） Div_rate	（3） D	（4） Div_rate
Wald Chi 2	1364.18***		1312.02***	
F 值		19.980***		19.410***

注：*为在10%水平上显著，**为在5%的水平上显著，***为在1%的水平上显著；括号内数据为t值；不同模型间观测值的差异是由不同模型中所选变量的缺失值不同导致的。

第三节　本章小结

本章以2007—2015年沪、深两市A股上市公司数据为研究样本，实证检验了CEO权力对于企业财务决策的三方面主要内容——债务融资决策、投资决策和股利分配决策影响的研究假设，并对实证结果进行了分析。首先，实证结果表明，CEO权力的提高会降低公司的债务融资水平。这说明CEO为了规避债务融资决策带来的风险，降低企业融资成本，当其有能力克服来自委托人的严格监督，追求自利性行为时，他会舍弃那些高风险的企业债务融资决策，以避免受到董事会的严格监督，减少个人名誉、薪酬和离职风险。此外，进一步的实证检验结果表明，CEO权力对公司债务融资决策的影响在国有企业中显著，而在民营企业中则不显著。分析其原因，可能是因为民营上市公司中企业的融资决策更多的会受到企业外部融资约束的影响，只有企业缓解了融资约束，融到足够的资金，CEO才能够运用手中的权力调整企业的债务融资决策。其次，本章实证检验了CEO权力与企业投资决策的关系，实证结果表明，CEO权力的提高会增加公司的过度投资倾向。这说明随着CEO权力的强化，他们会拥有更多的资源和更少的约束，触发了行为趋近系统发生作用，进而提高了CEO对风险的认知偏见，导致CEO更关注潜在的投资回报，忽略了潜在的投资威胁，因此更倾向于高风险的投资行为。最后，本章实证检验了CEO权力与股利分配政策之间的关系，实证结果表明，CEO权力的提高会增加公司发放现金股利的倾向和水平。这说明强权CEO更倾向于通过向资本市场传递公司利好信号的方式提高公司在投资者心中的市场价值，吸引投资者投资。进一步的实证结果表明，民营企业中CEO权力对公司现金股利分配倾向和水平的影响显著，而在国有企业中这种关系则不显著。这说明相对于国有企业，民营企业有更强的动机通过发放现金股利的方式向资本市场传递利好信号，从而吸引投资者投资。

此外，本书还对企业内外部环境对于CEO权力与企业财务决策的三个方面主要内容——债务融资决策、投资决策和股利分配决策之间关系的影响也进行了实证检验，并对检验结果进行了分析。实证检验结果表明，企业上期绩效越好，CEO权力与资产负债率之间的负相关关系越弱。这说明当上一年度的企业绩效较好时，CEO面临的决策环境相对宽松，从而提高了CEO对决策的自信心，降低了强权CEO对风险的规避程度，进而削弱了CEO运用手中的权力进行风险规避的动机。外部行业环境不确定性越强，CEO权力与资产负债率之间的负相关关系越强。说明在高行业环境不确定性的环境下，当CEO运用他们手中的权力进行资产负债率决策时，CEO更加依赖他们固有的个人经验和认知偏见来处理行业信息的不准确性和行业竞争环境的不可预测性，进而强化了他们固有的风险规避动机。然而，企业内外部环境对CEO权力与投资决策和股利分配决策之间关系的影响则并不显著。原因可能是公司在进行投资决策和股利分配政策时所要考虑的情境要素较多，并不仅限于对企业内部上期业绩和外部行业环境不确定性的考量。未来研究也可以进一步探究影响CEO权力与企业投资决策和股利分配决策之间关系的其他重要情境要素，从而深化权力视角下的企业财务决策分析。

综上所述，本章实证检验了CEO权力对企业财务决策的三个方面主要内容——债务融资决策、投资决策以及股利分配政策的影响，并进一步检验了企业内外部环境要素对CEO权力与企业财务决策之间关系的影响。在本章实证结果及分析的基础上，接下来第六章将对本书的主要研究结论进行总结和归纳，并进一步说明该结论为我国企业运营实践带来的启示，在说明本书研究局限的基础上进一步指出未来研究可扩展的主要方向。

06 第六章

研究结论及展望

本章归纳了全书的研究结论，并进一步说明了该研究结论为中国上市公司治理实践带来的启示。此外，本章还说明了本书的研究局限并指出了未来研究值得扩展和进一步深入探讨的主要方向。

第一节　研究结论与启示

一、研究结论

随着内外部环境的复杂化与动态化日益增长，企业面临越来越激烈的生存挑战（Ven 和 Poole，1995），为应对环境威胁、不断加剧的市场竞争以及日益扩大的企业规模，保障自身的可持续发展，企业越来越关注自身的财务安排情况以避免导致财务危机。而企业财务决策，作为企业整体战略的重要组成部分，并非仅局限于"战术"或"策略"层面，而是关系到企业全局、长远发展的重要战略决策（阎达五和陆正飞，2000）。CEO作为企业高管团队的领导者，对企业核心财务决策的制定和执行具有重要影响（Calori et al.，1994）。实际上，CEO特征和动机与公司财务决策的关系已经受到了部分学者的关注。现有研究从CEO任职背景、任期、薪酬等人口统计学特征（Bhagat et al.，2011；徐磊和王伟龙，2016；李培功和肖珉，2012；Minnick 和 Rosenthal，2014）和CEO过度自信、风险偏好等心理特征（Malmendier 和 Tate，2005；陈其安和肖映红，2011；张瀛之等，2017）的角度研究了CEO特征与动机对企业债务融资决策、投资行为和股利分配政策的影响。但是，现有研究忽略了权力在CEO实现财务决策意愿，引导企业战略计划的实现中的重要作用。实际上，企业财务决策的制定过程也是企业内部各方利益博弈与平衡的过程，董事会、高管成员都会根据各自的利益与价值观进行"谈判"，投资者也会根据能够得到的财务决策信息进行投资决策。因此，无论是企业内部成员间的合作动力还是利益相关者之间的利益博弈，都会受到成员之间相对权力大小的影响。而CEO作为企业内部核心财务决策的主要制定者和引导者，其权力的大小会直接影响其与企业内部其他利益相关方博弈的结果。所以，有必要进一步探究CEO权力对企业财务决策的影响以及这种影响的情境机制。

在此基础上，本书着重考察了CEO权力与公司财务决策之间的关系。在不同的企业财务决策情境下，CEO的个人风险偏好会发生变化，而不同的企业财务决策带来的风险有所差异，CEO为保障符合个人风险偏好的财务决策的制定和执行，会运用手中的权力将CEO个人决策意愿上升为公司决策。此外，企业的内外部利益相关者对企业的信息掌握程度不同，由此存在不同程度的信息不对称。CEO在进行企业财务决策时也要考虑到如何向利益相关者，尤其是投资者传递企业经营现状信息，降低信息不对称程度，吸引投资者。因此，CEO需要运用所拥有的权力保障制定合适的财务决策从而达到向利益相关者传递企业经营信息的目的。最后，企业的内外部环境要素与组织之间的互动会在很大程度上影响组织的结构与行为。因此，本书进一步分析了企业内外部环境对CEO权力与企业财务决策之间关系的影响。

本书以2007—2015年中国沪、深两市A股上市公司的相关数据作为研究样本，构建了公司治理框架下的CEO权力的三维度模型，分析了CEO权力对企业财务决策的三个方面主要内容——债务融资决策、投资决策以及股利分配决策的影响机理，并予以实证检验和分析。此外，本书还进一步分析并检验了企业内外部环境要素——企业业绩压力和外部行业环境不确定性对CEO权力与企业财务决策之间关系的影响。主要研究结论如下：

第一，CEO权力的提高会削减企业的债务融资，降低资产负债率和长期负债比率。实证结果表明，CEO权力与企业资产负债率之间存在显著的负相关关系；CEO权力与企业长期负债比率之间存在显著的负相关关系。这说明随着CEO权力的提高，企业会减少外部债务融资，降低企业的资产负债率和长期负债比率。根据代理理论，代理人比股东更加风险厌恶（Jensen和Meckling，1976；Eisenhardt，1989），当管理者有能力追求自利行为或者克服来自委托人的监督限制时，他们可能会放弃那些高风险决策。企业债务融资还本付息压力大、成本高，短期内即会显现于公司的财务报表，如果债务无法偿还，企业将会面临资金链断裂甚至破产的风险。债务融资决策也会受到来自董事会的严格监督，一旦CEO决策失误，将会面临名誉受损、薪酬减少甚至离职风险。所以，当CEO有能力将个人的决策意愿上升为公司决策时，他会更倾向于运用手中的权力规避高风险的债务融资决策，以避免受到债权人和董事会的严格监督，降低个人名誉、薪酬以及离职风险。

第二，CEO权力的提高会增加企业过度投资倾向。实证结果表明，CEO权力与企业过度投资倾向之间存在显著正相关关系；而CEO权力与企业投资过度程度之间的正相关关系并不显著。由于投资绩效通常也无法在短期内显现和量化，信息不对称程度较高，因此，CEO在投资决策中通常拥有更高的自由裁量权。这就使CEO可以通过"外部归因"的方式将投资决策失误的责任归因于外部因素从而减少来自董事会的质疑和压力以避免决策失误带来的负面评价（Phares et al.，1971；Davis和Davis，1972；Gilmor和Minton，1974）。此外，CEO也会使用"印象管理"（Bolino，1999）的手段使董事会认为他所作出的高风险的投资决策是在"有所作为"或者"改变游戏规则"从而获得董事会的支持。Anderson和Berdahl（2002）认为，根据权力的趋近理论（Power-Approach Theory），拥有权力会触发行为的趋近系统，提高个体关注潜在的回报，忽略潜在威胁的倾向。随着CEO权力的强化，他们会拥有更多的资源和更少的约束，从而触发行为的趋近系统发生作用，提高对风险的认知偏见，导致CEO更加关注潜在的投资回报，忽略了潜在的投资威胁，进而提高了过度投资倾向。

第三，CEO权力的提高会增加企业现金股利的分配倾向和水平。实证结果表明，CEO权力与企业现金股利分配倾向之间存在显著正向关系；CEO权力与企业现金股利分配率之间存在显著正相关关系。现金股利在资本市场上具有信号作用（Bhattacharya，1979）。由于投资者大多奉行"在手之鸟"理论，厌恶风险，认为通过留存收益再投资所获得的未来收益的风险要高于当前实际得到的股利的风险，所以，在资本市场上，投资者通常会赋予分配更多股利的公司以更高的价值（Miller和Rock，1985）。因此，CEO也会通过发放现金股利的方式向外部资本市场传递公司利好信号，降低公司外部投资者的信息不对称程度，从而吸引投资者投资，提高公司价值，进而增加个人收益。此外，随着CEO权力的增加，他会获得更多的资源和更少的约束，通过留存股利的方式所获取的控制权提升的边际收益递减，而通过发放股利带来的公司价值的增加的边际收益递增，因此，强权CEO会更倾向于通过发放现金股利的方式传递利好信号，增加公司在投资者心中的价值，从而获取更多的个人收益。

第四，企业内外部环境对CEO权力与企业资产负债率之间的关系具有显著影响。但是，企业内部绩效和外部环境不确定性对CEO权力与投资行为和股利分配政策之间的关系则没有显著影响。实证结果表明，企业内部上期绩效越好，CEO权力与资产负债率之间的负相关关系越弱；行业环境不确定性越高，CEO权力与企业资产负债率之间的负相关关系越强。高管的风险偏好在一定程度上取决于情境要素（Devers et al., 2007），组织与环境要素之间的互动关系也会在很大程度上影响组织的结构与行为。首先，企业绩效的好坏会影响到CEO进行债务融资决策时面对的业绩压力。当企业上一年度的绩效相对较差时，CEO会面临由于企业业绩不佳导致的来自董事会的压力和关注，在风险较高的企业债务融资决策上更为审慎和风险规避。但是，当上一年度的企业绩效较好时，CEO面临的债务融资决策环境相对宽松，决策压力相对较小，这种宽松的内部决策环境提高了CEO对决策的自信心，降低了强权CEO对债务融资风险的规避程度，削弱了CEO运用手中的权力进行风险规避的动机。因此，随着上期企业绩效的提高，CEO权力对负债比率的负向影响会被削弱。此外，企业外部行业环境不确定性也在一定程度上关系到CEO对公司决策和产出的影响（Li和Tang, 2010）。不确定的行业环境中竞争市场的不稳定性和竞争对手行为的不可预测性都给CEO的债务融资决策增加了模糊性和任务难度。因此，在高行业环境不确定性的情境下，当CEO运用他们手中的权力进行债务融资决策时，他们固有的风险规避动机被强化了。因此，行业环境不确定性的增加会强化CEO权力对企业资产负债率的负向影响。

本书的研究贡献主要有：第一，本书从能力视角考察了CEO权力对企业财务决策的影响，完善了企业战略驱动因素研究中的"动机—能力—行为"逻辑链条中的能力环节，对于指导企业构建基于高管权力视角的财务决策观，优化企业财务决策结构具有一定的指导意义。现有管理者驱动视角下的企业财务决策相关研究主要是从管理者的人口统计学特征和心理学特征方面考察其对企业债务融资决策、投资行为和股利分配政策的保障和约束作用，忽略了管理者权力对企业财务决策和实施的重要影响。而CEO权力的大小会直接影响其将意愿和偏好上升为企业决策的能力。因此，本书从权力的视角探究CEO权力对企业财务决策的影响机理，补充了高管权力视角下的企业财务决策相关研究。第二，本书基于委托代理理论、权力的趋近理论以及信号传递理论三大理论分析了CEO权力对企业债务融资决策、投资行为以及股利分配政策的影响机理，完善了现有委托代理框架下的高管特征和能力与企业财务决策之间的关系研究，也为投资者的投资行为和资本市场监管机构完善中国上市公司治理规范提供了理论支持和实证参考。第三，本书从企业面临的内外部环境的角度设定了企业财务决策的限定情境，弥补了已有CEO特征与行为视角下企业财务决策驱动因素研究情境的缺失，更为科学、合理地指导企业财务决策的制定。第四，本书在公司治理框架下构建了CEO权力的三维度模型，弥补了现有研究中CEO权力构成和度量的特定情境和关系的缺失。

二、研究启示

上述研究结论为中国上市公司治理实践带来以下启示：

第一，CEO权力是将CEO个人决策偏好上升为公司决策的保障，公司在制定财务决策时要警惕强权CEO运用手中的权力实现其个人风险和决策偏好，追求自利行为，损害利益相关者的利益。具体来说，强权CEO会运用手中的权力保障个人风险偏好上升为公司决策，降低公司外部债务融资比例，提高公司过度投资倾向，增加公司现金股利的分配。因此，公司应完善公司治理机制，针对具体的决策情境，通过制定合理的薪酬合同等方式强化CEO与公司之间的利益一致性，降低CEO损害公司利益的动机。

第二，公司制定财务决策时应充分考虑内外部环境要素的影响，在限定情境下考察公司治理要素对财务决策的影响。高管的风险偏好在一定程度上取决于情境要素（Devers et al., 2007），组织与环境要素之间的互动关系也会在很大程度上影响组织的结构与行为。因此，公司在制定具体的财务决策时应充分考虑企业内外部关键的环境要素的影响，构建限定情境下的企业财务决策观，从高管权力的视角进一步优化企业财务决策结构。

第三，董事会应科学地设定CEO的个人经营能力评估体系和绩效衡量标准，通过正式的制度、契约以及非正式沟通等方式降低与CEO之间的信息不对称程度，在规避CEO追求个人私利的同时，也避免将决策失误的后果过度归因于CEO的个人能力，强化CEO的风险规避动机。本书的研究发现，CEO

在进行财务决策时会着重考虑决策失误带来的风险,由个人认知偏见带来的过度风险规避或者风险偏好都会在一定程度上使CEO与其他利益相关者的利益相背。因此,董事会应该设计合理的评估和度量体系避免CEO过度考虑个人风险损害公司利益,如综合公司前几期的业绩和行业整体业绩增长情况评估CEO的个人能力和绩效,综合考虑CEO决策对企业长期发展战略和短期业绩的影响从而规避CEO的过度风险规避或者投机行为。

第二节 研究不足与未来展望

一、研究不足

本书从权力的视角探究了CEO权力对企业财务决策的三个方面主要内容——企业债务融资决策、投资决策以及股利分配决策的影响机制,并进一步构建了CEO权力影响企业财务决策的内外部情境,考察了限定情境下CEO权力与企业财务决策之间的关系。本书通过理论分析和实证检验初步验证了CEO权力对财务决策的影响,得到了一些有意义的研究结论。但是本研究在指标度量、代理变量选择以及情境要素的选择等方面仍然存在一定的局限,具体如下:

首先,在CEO权力的度量方法上,本书在对CEO权力变量进行度量时,选择了采用模糊的层次分析法对各维度和指标进行赋权加总。虽然本书经过检验,已有研究常用的主成分分析法在本书中由于无法使用少数主成分代表绝大多数的变量,因此并不适用于本书对CEO权力的度量,但是,仍然应该尝试使用其他的度量方法度量CEO权力,以增强研究结果的稳健性。

其次,在企业内外部情境要素的选择上,本书对于企业内部情境要素的选择限于企业内部的业绩压力,而对外部情境要素的选择则限于企业面临的环境不确定性。实际上,影响CEO进行财务决策的企业内外部情境要素很多,而且在CEO进行融资决策、投资决策以及股利分配决策时所面临的具体情境要素也会有所差异。如企业所处的生命周期阶段对CEO进行企业财务决策定位的影响，企业面对的外部财务融资约束对CEO进行融资决策的影响等。因此，对于CEO进行财务决策时的情境要素有待进一步细化和深入探究。

最后，在代理变量的选择上，本书参考已有研究选取了企业上期的总资产收益率来度量企业上期绩效，选取了企业所在行业营业收入对时间回归的标准差作为外部环境不确定性的代理变量。这些变量虽然能在一定程度上反映企业内外部环境要素，但仍需其他代理变量来增强稳健性。

二、未来研究展望

CEO作为企业战略制定和执行的核心领导者，其对企业战略的影响一直是战略管理和公司治理领域关注的热点问题。本研究关注CEO权力对企业财务决策的影响机理，试图打开权力的黑箱，剖析CEO权力对企业财务决策的影响。在本研究的基础上，未来值得扩展和研究的主要研究方向有：

第一，CEO动机与能力对企业财务决策的其他方面内容的影响。本书初步探究了CEO权力对企业财务决策的影响机理并进行了实证检验，具体分析了CEO权力对企业债务融资决策、投资决策以及股利分配决策等企业财务决策的三个方面主要内容的影响。本书聚焦于企业的债务融资结构、投资效率以及现金股利分配的研究，未来研究可以进一步聚焦于企业财务决策的某一方面决策，如CEO动机与能力对企业股权融资、投资—现金流敏感性等重要的财务决策的影响。

第二，企业生命周期对CEO制定企业财务决策的影响。企业所处的发展阶段不同，CEO对企业财务决策的定位也不同。未来研究可以根据企业所处的具体生命周期阶段对企业进行划分并比较处于不同生命周期阶段的企业CEO在制定企业决策时具有哪些差异。企业生命周期作为情境要素对企业高管进行财务决策的影响有待进一步探究。

第三，企业融资约束对CEO进行企业财务决策的影响。企业财务决策的制定，尤其是融资决策的制定，与企业所面临的融资约束情境有关。因此，CEO在进行企业财务决策时会考虑企业面临的融资约束情况，根据融资约束情况调整相应的财务决策。因此，未来研究可以将企业融资约束作为影响CEO进行财务决策的重要情境要素对其影响机理进行进一步的分析。

参考文献

［1］H.伊戈尔·安索夫,彼得·H.安东尼奥.变革国家中公司发展战略［M］.北京:中国人民大学出版社,2004.

［2］白芳.基于企业生命周期视角的财务战略和行为研究［D］.成都:西南财经大学,2013.

［3］曹国华,杨俊杰,林川.CEO声誉与投资短视行为［J］.管理工程学报,2017,31(4).

［4］陈其安,方彩霞,肖映红.基于上市公司高管人员过度自信的股利分配决策模型研究［J］.中国管理科学,2010,18(3):174-184.

［5］陈其安,方彩霞.高管人员过度自信对股利分配决策的影响:来自中国上市公司的经验证据［J］.中国管理科学,2013(s1):227-230.

［6］陈其安,肖映红.我国上市公司高管人员过度自信与股利分配决策的理论和实证研究［J］.管理学报,2011,8(9):1398-1404.

［7］陈晓,单鑫.债务融资是否会增加上市企业的融资成本?［J］.经济研究,1999(9):39-46.

［8］陈志军,谢明磊.外部环境、管控程度与子公司绩效［J］.科学学与科学技术管理,2012,33(9):91-97.

［9］戴天婧,张茹,汤谷良.财务战略驱动企业盈利模式——美国苹果公司轻资产模式案例研究［J］.会计研究,2012(11):23-32.

［10］杜兴强,曾泉,杜颖洁.政治联系、过度投资与公司价值——基于国有上市公司的经验证据［J］.金融研究,2011(8):93-110.

［11］冯慧群,马连福.董事会特征、CEO权力与现金股利政策——基于中国上市公司的实证研究［J］.管理评论,2013,25(11):123-132.

[12] 郭伍常.中小企业财务战略选择分析[J].区域经济评论,2004(7):64-65.

[13] 韩立岩,李慧.CEO权力与财务危机——中国上市公司的经验证据[J].金融研究,2009(1):179-193.

[14] 何新明,林澜.企业利益相关者导向:组织特征与外部环境的影响[J].南开管理评论,2010,13(4):56-61.

[15] 贺远琼,田志龙,陈昀.环境不确定性、企业高层管理者社会资本与企业绩效关系的实证研究[J].管理学报,2008,5(3):423.

[16] 侯雪筠.基于广义财务战略的企业核心能力评价研究[D].哈尔滨:哈尔滨工程大学,2006.

[17] 胡诗阳,陆正飞.非执行董事对过度投资的抑制作用研究——来自中国A股上市公司的经验证据[J].会计研究,2015(11):41-48.

[18] 黄国良,潘华,钟晓东.基于企业核心能力培育的财务战略研究[J].当代财经,2004(5):116-118.

[19] 黄亮华,谢德仁.IPO前的业绩压力、现金流约束与开发支出会计政策隐性选择[J].南开管理评论,2014,17(6):72-82.

[20] 贾明琪,罗浩,辛江龙.CEO背景特征对资本结构决策的影响——资本结构动态调整视角的实证分析[J].科学决策,2015(8):1-15.

[21] 贾兴平,刘益.外部环境、内部资源与企业社会责任[J].南开管理评论,2014,17(6):13-18.

[22] 姜付秀,黄继承.CEO财务经历与资本结构决策[J].会计研究,2013(5):27-34.

[23] 姜海光.国有控股企业所有权边界与财务战略取向[D].青岛:中国海洋大学,2010.

[24] 金宇超,靳庆鲁,宣扬."不作为"或"急于表现":企业投资中的政治动机[J].经济研究,2016(10):126-139.

[25] 孔宁宁.基于企业生命周期的财务战略选择[J].财会通讯,2004(22):40-42.

[26] 李懋劼.我国集团公司上市方式与财务战略、财务政策、财务绩效相关性研究[D].成都:西南财经大学,2011.

［27］李培功，肖珉.CEO任期与企业资本投资［J］.金融研究，2012（2）：127-141.

［28］李瑞.中国总经理影响力研究及应用［D］.北京：清华大学，2005.

［29］李维安，刘振杰，顾亮.董事会异质性、断裂带与跨国并购［J］.管理科学，2014（4）：1-11.

［30］李文贵，余明桂.所有权性质，市场化进程与企业风险承担［J］.中国工业经济，2012（12）：115-127.

［31］李永，胡向红，乔箭.改进的模糊层次分析法［J］.西北大学学报：自然科学版，2005，35（1）：11-12.

［32］刘柏，梁超.管理者层级差异的过度自信对企业投资决策的影响研究［J］.管理学报，2016，13（11）：1614-1623.

［33］刘锦，王学军，张三保，等.CEO非正式权力，正式权力与企业绩效——来自中国民营上市公司的证据［J］.管理评论，2015，27（11）：161-169.

［34］刘洋.我国创业板上市公司现金股利分配政策对公司价值影响［J］.现代经济信息，2016（20）：291.

［35］刘志远.企业财务战略［M］.大连：东北财经大学出版社，1997.

［36］陆瑶，胡江燕.CEO与董事间的"老乡"关系对我国上市公司风险水平的影响［J］.管理世界，2014（3）：131-138.

［37］陆正飞.企业发展的财务战略［M］.大连：东北财经大学出版社，1999.

［38］陆正飞.中小企业发展的财务战略［J］.中国工业经济，1997，25（1）：59-61.

［39］罗福凯，王雪梅.企业生命周期界定及财务战略选择［J］.财会通讯（学术版），2006（1）：34-36.

［40］吕长江，张海平.上市公司股权激励计划对股利分配政策的影响［J］.管理世界，2012，230（11）：133-143.

［41］马连福，王元芳，沈小秀.国有企业党组织治理、冗余雇员与高管薪酬契约［J］.管理世界，2013（5）：100-115.

［42］宁静，井润田.CEO特征、R&D强度以及外部环境关系的实证研究［J］.科研管理，2009，30（5）：178-186.

[43] 庞长伟，李垣. 制度转型环境下的中国企业家精神研究 [J]. 管理学报，2011，8（10）：1438.

[44] 齐寅峰，覃家琦. 投资的融资效应、自由现金流与企业价值 [J]. 管理评论，2003，15（5）：12–16.

[45] 饶育蕾，王颖，王建新. CEO职业生涯关注与短视投资关系的实证研究 [J]. 管理科学，2012，25（5）：30–40.

[46] 申慧慧，于鹏，吴联生. 国有股权、环境不确定性与投资效率 [J]. 经济研究，2012，47（7）：113–126.

[47] 苏琦，李新春. 内部治理、外部环境与中国家族企业生命周期 [J]. 管理世界，2004（10）：85–96.

[48] 孙虹，任凤慧. 企业决策层DNA及其对高管团队有限理性的影响——以我国企业专用性投资行为为例所作的分析 [J]. 中国软科学，2008（12）：114–120.

[49] 陶瑞，李秉祥，牛晓琴. 业绩压力对资产减值会计政策选择的影响——管理者权力的调节作用 [J]. 预测，2016，35（6）：30–36.

[50] 汪辉. 上市公司债务融资、公司治理与市场价值 [J]. 经济研究，2003（8）：28–35.

[51] 王斌，张伟华. 外部环境、公司成长与总部自营 [J]. 管理世界，2014（1）：144–155.

[52] 王菁，程博，孙元欣. 期望绩效反馈效果对企业研发和慈善捐赠行为的影响 [J]. 管理世界，2014（8）：115–133.

[53] 王满，于悦. 财务战略管理学科体系的构建 [J]. 会计研究，2008（1）：33–38.

[54] 王满. 基于竞争力的财务战略管理研究 [M]. 大连：东北财经大学出版社，2007.

[55] 王希胜. 集中股权结构上市公司高层管理团队异质性对企业财务战略的影响研究 [J]. 管理学报，2016，13（7）：989–995.

[56] 王霞，张敏，于富生. 管理者过度自信与企业投资行为异化——来自我国证券市场的经验证据 [J]. 南开管理评论，2008，11（2）：77–83.

[57] 魏明海. 财务战略：着重周期性因素影响的分析 [M]. 北京：中国财政

经济出版社, 2001.

[58] 武立东, 江津, 王凯. 董事会成员地位差异、环境不确定性与企业投资行为 [J]. 管理科学, 2016, 29 (2): 52-65.

[59] 武立东, 王凯. 独立董事制度从"规制"到"认知"的变迁——来自主板上市公司的证据 [J]. 管理评论, 2014, 26 (7): 9-19.

[60] 武文辉. 企业投资战略论 [J]. 管理世界, 1988 (6): 113-125.

[61] 夏立军, 陆铭, 余为政. 政企纽带与跨省投资: 来自中国上市公司的经验证据 [J]. 管理世界, 2011 (7): 128-140.

[62] 夏子航, 马忠, 陈登彪. 债务分布与企业风险承担——基于投资效率的中介效应检验 [J]. 南开管理评论, 2015, 18 (6): 90-100.

[63] 肖峰雷, 李延喜, 栾庆伟. 管理者过度自信与公司财务决策实证研究 [J]. 科研管理, 2011, 32 (8): 151-160.

[64] 谢佩洪, 汪春霞. 管理层权力、企业生命周期与投资效率——基于中国制造业上市公司的经验研究 [J]. 南开管理评论, 2017, 20 (1): 57-66.

[65] 辛清泉, 林斌, 王彦超. 政府控制、经理薪酬与资本投资 [J]. 经济研究, 2007 (8): 110-122.

[66] 徐光华, 沈弋. 企业共生财务战略及其实现路径 [J]. 会计研究, 2011 (2): 52-58.

[67] 徐磊, 王伟龙. 省级"政坛CEO"与地方经济增长: 商而优则仕? [J]. 管理世界, 2016 (1): 29-43.

[68] 徐鸣雷. 基于企业价值的财务战略管理研究 [D]. 大连: 大连理工大学, 2005.

[69] 阎达五, 陆正飞. 论财务战略的相对独立性: 兼论财务战略及财务战略管理的基本特征 [J]. 会计研究, 2000 (9): 2-6.

[70] 余飞, 张黎明. 供应链管理中供货商评价选择的比较研究 [J]. 当代经济, 2007 (10): 138-139.

[71] 余明桂, 李文贵, 潘红波. 管理者过度自信与企业风险承担 [J]. 金融研究, 2013 (1): 149-163.

[72] 余明桂, 夏新平, 邹振松. 管理者过度自信与企业激进负债行为 [J]. 管理世界, 2006 (8): 104-112.

[73] 张春龙，张国梁. 高管权力、现金股利政策及其价值效应 [J]. 管理评论, 2017, 29 (3): 168–175.

[74] 张春龙. 高管权力对公司财务决策的影响研究 [D]. 大连：大连理工大学, 2017.

[75] 张纯. 现代企业财务战略下的预测机制研究——战略、预测、绩效的互动 [J]. 会计研究, 2005 (8): 77–81.

[76] 张庆, 朱迪星. 投资者情绪、管理层持股与企业实际投资——来自中国上市公司的经验证据 [J]. 南开管理评论, 2014, 17 (4): 120–127.

[77] 张庆垒, 刘春林, 施建军. 动荡环境下技术多元化与企业绩效关系 [J]. 管理学报, 2014, 11 (12): 1818–1825.

[78] 张耀伟, 陈世山, 李维安. 董事会非正式层级的绩效效应及其影响机制研究 [J]. 管理科学, 2015, 28 (1): 1–17.

[79] 张毅, 刘志学. 跨国公司在华投资战略演进路径分析 [J]. 管理世界, 2008 (11): 180–181.

[80] 张瀛之, 刘志远, 张炳发. 决策者心理因素对企业知识资本投资行为异化影响的实证研究 [J]. 管理评论, 2017, 29 (9): 205–214.

[81] 周建, 金媛媛, 袁德利. 董事会人力资本、CEO权力对企业研发投入的影响研究——基于中国沪深两市高科技上市公司的经验证据 [J]. 科学学与科学技术管理, 2013, 34 (3): 170–180.

[82] Adams R B, Almeida H, Ferreira D. Powerful CEOs and their impact on corporate performance [J]. The Society of Financial Studies, 2005, 18 (4): 1403–1432.

[83] Akbar S, Kharabsheh B, Poletti-Hughes J, et al. Board structure and corporate risk taking in the UK financial sector [J]. International Review of Financial Analysis, 2017 (50): 101–110.

[84] Amihud Y, Lev B. Risk Reduction as a managerial motive for conglomerate mergers [J]. Bell Journal of Economics, 1981, 12 (2): 605–617.

[85] Anderson C, Berdahl J L. The experience of power: Examining the effects of power on approach and inhibition tendencies [J]. Journal of Personality and Social Psychology, 2002, 83 (6): 1362–1377.

[86] Anderson C, Jennifer B L. The experience of power: Examining the effects of power on approach and inhibition tendencies. [J]. Journal of Personality & Social Psychology, 2002, 83 (6): 1362.

[87] Ankum L A. A real options and game-theoretic approach to corporate investment strategy under competition [J]. Fm the Journal of the Financial Management Association, 1993, 22 (3): 241-250.

[88] Arif S, Lee C M C. Aggregate investment and investor sentiment [J]. Review of Financial Studies, 2014, 27 (11): 3241-3279.

[89] Bates T W, Kahle K M, Stulz R M. Why do U.S. Firms hold so much more cash than they used to? [J]. Journal of Finance, 2009, 64 (5): 1985-2021.

[90] Beatty R P, Zajac E J. CEO change and firm performance in large corporations: Succession effects and manager effects [J]. Strategic Management Journal, 1987, 8 (4): 305-317.

[91] Berger P G, Ofek E, Yermack D L. Managerial entrenchment and capital structure decisions [J]. Journal of Finance, 1997, 52 (4): 1411-1438.

[92] Berger A N, Patti E B D. Capital structure and firm performance: A new approach to testing agency theory and an application to the banking industry [J]. Journal of Banking & Finance, 2006, 30 (4): 1065-1102.

[93] Bernile G, Bhagwat V, Rau P R. What doesn't kill you will only make you more risk-loving: Early-life disasters and CEO behavior [J]. Journal of Finance, 2017, 72 (1): 167-206.

[94] Bhagat S, Bolton B, Subramanian A. Manager characteristics and capital structure: Theory and evidence [J]. The Journal of Financial Quantitative Analysis, 2011, 46 (6). 1581-1627.

[95] Bhagat S, Welch I. Corporate research & development investments international comparisons [J]. Journal of Accounting & Economics, 1995, 19 (2-3): 443-470.

[96] Biddle G C, Hilary G, Verdi R S. How does financial reporting quality relate to investment efficiency? [J]. Journal of Accounting & Economics, 2009, 48 (2): 112-131.

[97] Billett M T, Garfinkel J A, Jiang Y. The influence of governance on investment: Evidence from a hazard model [J]. Journal of Financial Economics, 2009, 102 (3): 643-670.

[98] Bolino M C. Citizenship and impression management: Good soldiers or good actors? [J]. Academy of Management Review, 1999, 24 (1): 82-98.

[99] Boubakri N, Cosset J C, Saffar W. The role of state and foreign owners in corporate risk-taking: Evidence from privatization [J]. Journal of Financial Economics, 2013, 108 (3): 641-658.

[100] Bourgeois L J, Eisenhardt K M. Politics of strategic decision making in high-velocity environments: Toward a midrange theory [J]. Academy of Management Journal, 1988, 31 (4): 737-770.

[101] Boyd B K. CEO duality and firm performance: A contingency model [J]. Strategic Management Journal, 1995, 16 (4): 301-312.

[102] Brass D J. Being in the right place: A structural analysis of individual influence in an organization [J]. Administrative Science Quarterly, 1984, 29 (4): 518-539.

[103] Brisker E R, Wang W. CEO's inside debt and dynamics of capital structure [J]. Financial Management, 2017 (46): 655-685.

[104] Broussard J P, Buchenroth S A, Pilotte E A. CEO incentives, cash flow, and investment [J]. Financial Management, 2004, 33 (2): 51-70.

[105] Byrd D T, Mizruchi M S. Bankers on the board and the debt ratio of firms [J]. Journal of Corporate Finance, 2005, 11 (1-2): 129-173.

[106] Byrne D E. The attraction paradigm [M]. New York: Academic Press, 1971.

[107] Byrne D, Clore G L, Worchel P. Effect of economic similarity-dissimilarity on interpersonal attraction [J]. Journal of Personality & Social Psychology, 1966, 4 (2): 220-224.

[108] Cain M D, McKeon S B. CEO personal risk-taking and corporate policies. Journal of Financial and Quantitative Analysis, 2016, 51 (1): 139-164.

[109] Caliskan D, Doukas J. CEO risk preferences and dividend policy decisions [J]. Journal of Corporate Finance, 2015 (35): 18-42.

[110] Calori R, Johnson G, Sarnin P. Ceos' cognitive maps and the scope of the organization [J]. Strategic Management Journal, 1994, 15 (6): 437–457.

[111] Chao C C, Hu M, Munir Q, et al. The impact of CEO power on corporate capital structure: New evidence from dynamic panel threshold analysis [J]. International Review of Economics & Finance, 2017 (51): 107–120.

[112] Chintrakarn P, Jiraporn P, Singh M. Powerful CEOs and capital structure decisions: Evidence from the CEO pay slice (CPS) [J]. Applied Economics Letters, 2014, 21 (8): 564–568.

[113] Cho S Y, Arthurs J D, Townsend D M, et al. Performance deviations and acquisition premiums: The impact of CEO celebrity on managerial risk-taking [J]. Strategic Management Journal, 2016, 37 (13): 2677–2694.

[114] Coles J L, Daniel N D, Naveen L. Co-opted boards [J]. Review of Financial Studies, 2014, 27 (6): 1751–1796.

[115] Coles J L, Daniel N D, Naveen L. Managerial incentives and risk-taking [J]. Journal of Financial Economics, 2006, 79 (2): 431–468.

[116] Cronqvist H, Makhija A K, Yonker S E. Behavioral consistency in corporate finance: CEO personal and corporate leverage [J]. Journal of Financial Economics, 2012, 103 (1): 20–40.

[117] Daily C M, Johnson J L. Sources of CEO power and firm financial performance: A longitudinal assessment [J]. Journal of Management, 1997, 23 (2): 97–117.

[118] Davis W L, Davis D E. Internal-external control and attribution of responsibility for success and failure [J]. Journal of Personality, 1972, 40 (1): 123–136.

[119] Deangelo H, Deangelo L. Dividend policy and financial distress: An empirical Investigation of troubled NYSE Firms [J]. Journal of Finance, 1990, 45 (5): 1415–1431.

[120] Deshmukh S, Goel A M, Howe K M. CEO overconfidence and dividend policy [J]. Social Science Electronic Publishing, 2009, 22 (3): 440–463.

[121] Dess G G, Beard D W. Dimensions of organizational task environments [J]. Administrative Science Quarterly, 1984, 29 (1): 52–73.

[122] Deutsch Y, Laamanen T. A dual agency view of board compensation: The joint effects of outside director and CEO stock options on firm risk [J]. Strategic Management Journal, 2015, 32 (2): 212-227.

[123] Devers C E, Cannella A A, Reilly G P, et al. Executive compensation: A multidisciplinary review of recent developments [J]. Journal of Management, 2007, 33 (6): 1016-1072.

[124] Dewenter K L, Warther V A. Dividends, asymmetric information, and agency conflicts: Evidence from a comparison of the dividend policies of Japanese and U.S. Firms [J]. Journal of Finance, 1998, 53 (3): 879-904.

[125] Dimaggio P J, Powell W W. The iron cage revisited: Institutional isomorphism and collective rationality in organizational fields [J]. American Sociological Review, 1983, 48 (2): 147-160.

[126] Driscoll J C, Kraay A C. Consistent covariance matrix estimation with spatially dependent panel data [J]. Review of Economics & Statistics, 1998, 80 (4): 549-560.

[127] Duncan R B. Characteristics of organizational environments and perceived environmental uncertainty [J]. Administrative Science Quarterly, 1972, 17 (3): 313-327.

[128] Dunham L M. Does a CEO's hedging ability affect the firm's capital structure? [J]. Journal of Economics & Finance, 2017: 1-16.

[129] Durfee D. Why more companies are tapping their finance chiefs for CEO [J]. CFO Magazine, 2005, 10 (1).

[130] Dutta S, Macaulay K, Saadi S. CEO power, M&A decisions, and market reactions [J]. Journal of Multinational Financial Management, 2011, 21 (5): 257-278.

[131] Eisenhardt K M. Agency theory: An assessment and review [J]. Academy of Management Review, 1989, 14 (1): 57-74.

[132] Eisenmann T R. The effects of CEO equity ownership and firm diversification on risk taking [J]. Strategic Management Journal, 2002, 23 (6): 513-534.

[133] Elsaid E, Ursel N D. CEO succession, gender and risk taking [J]. Gender in

Management, 2011, 26 (7): 499-512.

[134] Faccio M, Marchica M T, Mura R. CEO gender, corporate risk-taking, and the efficiency of capital allocation [J]. Journal of Corporate Finance, 2016 (39): 193-209.

[135] Faccio M, Marchica M T, Mura R. Large shareholder diversification and corporate risk-taking [J]. Review of Financial Studies, 2011, 24 (11): 3601-3641.

[136] Fahlenbrach R. Founder-CEOs, investment decisions, and stock market performance [J]. The Journal of Financial and Quantitative Analysis, 2009, 44 (2): 439-466.

[137] Fan J P, Wong T J, Zhang T. Politically connected CEOs, corporate governance, and Post-IPO performance of China's newly partially privatized firms [J]. Journal of Financial Economics, 2007, 84 (2), 330-357.

[138] Farag H, Mallin C. The influence of CEO demographic characteristics on corporate risk-taking: evidence from Chinese IPOs [J]. European Journal of Finance, 2016 (4): 1-30.

[139] Felix T. S. Chan, N. Kumar, M. K. Tiwari, et al. Global supplier selection: a fuzzy-AHP approach [J]. International Journal of Production Research, 2008, 46 (14): 3825-3857.

[140] Ferrier W J. Navigating the competitive landscape: The drivers and consequences of competitive aggressiveness [J]. Academy of Management Journal, 2001, 44 (4): 858-877.

[141] Ferris S P, Javakhadze D, Rajkovic T, et al. CEO social capital, risk-taking and corporate policies [J]. Journal of Corporate Finance, 2017 (47): 46-71.

[142] Finkelstein S, Boyd B K. How much does the CEO matter? The role of managerial discretion in the setting of CEO compensation [J]. Academy of Management Journal, 1998, 41 (2): 179-199.

[143] Finkelstein S. Power in top management teams: Dimensions, measurement, and validation [J]. Academy of Management Journal, 1992, 35 (3), 505-538.

[144] Fracassi C, Tate G. External networking and internal firm governance [J].

Journal of Finance, 2012, 67 (1): 153-194.

[145] Francis B B, Hasan I, John K, et al. Corporate governance and dividend payout policy: A test using antitakeover legislation [J]. Financial Management, 2011, 40 (1): 83-112.

[146] Fredrickson J W, Hambrick D C, Baumrin S. A model of CEO dismissal [J]. Academy of Management Review, 1988, 13 (2): 255-270.

[147] Fu F. Overinvestment and the operating performance of SEO Firms [J]. Financial Management, 2010, 39 (1): 249-272.

[148] Garg V K, Walters B A, Priem R L. Chief executive scanning emphases, environmental dynamism, and manufacturing firm performance [J]. Strategic Management Journal, 2003, 24 (8): 725-744.

[149] Gilmor T M, Minton H L. Internal versus external attribution of task performance as a function of locus of control, initial confidence and success-failure outcome [J]. Journal of Personality, 1974, 42 (1): 159-174.

[150] Gioia D A, Chittipeddi K. Sensemaking and sensegiving in strategic change initiation [J]. Strategic Management Journal, 1991, 12 (6): 433-448.

[151] Golden B R, Zajac E J. When will boards influence strategy? Inclination power=strategic change [J]. Strategic Management Journal, 2001, 22 (12), 1087-1111.

[152] Grabke-Rundell A, Gomez-Mejia L R. Power as a determinant of executive compensation [J]. Human Resource Management Review, 2002, 12(1): 3-23.

[153] Grimm C M, Lee H, Smith K G. Strategy as action: Competitive dynamics and competitive advantage [M]. New York: Oxford University Press, 2006.

[154] Guay W R. The sensitivity of CEO wealth to equity risk: An analysis of the magnitude and determinants [J]. Journal of Financial Economics, 1999, 53(1): 43-71.

[155] Hambrick D C. Upper echelons theory: An update [J]. Academy of Management Review, 2007, 32 (2): 334-343.

[156] Hambrick D C, Mason P A. Upper echelons [J]. Automatic Control & Computer Sciences, 1984, 41 (1): 39-43.

[157] He L. Do founders matter ? A study of executive compensation, governance structure and firm performance[J]. Journal of Business Venturing, 2008, 23(3): 257–279.

[158] Heider F. The psychology of interpersonal relations [M]. New York: Wiley, 1958.

[159] Hermalin B E, Weisbach M S. Endogenously chosen boards of directors and their monitoring of the CEO [J]. American Economic Review, 1996: 96–118.

[160] Hough J R, White M A. Environmental dynamism and strategic decision-making rationality: An examination at the decision level [J]. Strategic Management Journal, 2010, 24(5): 481–489.

[161] Hu A, Kumar P. Managerial entrenchment and payout policy [J]. Journal of Financial & Quantitative Analysis, 2004, 39(4): 759–790.

[162] Hu C, Liu Y J. Valuing diversity: CEOs' career experiences and corporate investment [J]. Journal of Corporate Finance, 2015(30): 11–31.

[163] Isakov D, Weisskopf J P. Pay-out policies in founding family firms [J]. Journal of Corporate Finance, 2015(33): 330–344.

[164] Jackson D, Fang F. CEO networks and bank risk taking [J]. Banking & Finance Review, 2014, 6(1): 38–54.

[165] Jeffrey L. Coles, Naveen D. Daniel, Lalitha Naveen. Managerial incentives and risk-taking [J]. Journal of Financial Economics, 2006, 79(2): 431–468.

[166] Jensen M C, Meckling W H. Theory of the firm: Managerial behavior, agency costs and ownership structure [J]. Journal of Financial Economics, 1976, 3(4), 305–360.

[167] Jensen M C. Agency costs of free cash flow, corporate finance, and takeovers [J]. American Economic Review, 1986, 76(2): 323–329.

[168] John K, Litov L, Yeung B. Corporate governance and risk-taking [J]. Journal of Finance, 2008, 63(4): 1679–1728.

[169] Kahneman D, Tversky A. Choices, values, and frames [J]. American Psychologist, 1984, 39(4): 341–350.

[170] Karaevli A, Zajac E J. When do outsider CEOs generate strategic change? The enabling role of corporate stability [J]. Journal of Management Studies, 2013, 50 (7): 1267-1294.

[171] Karniol R, Ross M. The motivational impact of temporal focus: Thinking about the future and the past [J]. Annual Review of Psychology, 1996, 47 (47): 593-620.

[172] Keltner D, Gruenfeld D H, Anderson C. Power, approach, and inhibition [J]. Psychological Review, 2003, 110 (2): 265-284.

[173] Khanna V, Kim E, Lu Y. CEO connectedness and corporate fraud [J]. Journal of Finance, 2015, 70 (3): 1203-1252.

[174] Kim E H, Yao Lu. CEO ownership, external governance, and risk-taking [J]. Journal of Financial Economics, 2011, 102 (2): 272-292.

[175] Kim K H, Buchanan R. CEO duality leadership and firm risk-taking propensity [J]. Journal of Applied Business Research, 2011, 24 (1): 27-42.

[176] Kishgephart J J, Campbell J T. You don't forget your roots: The influence of CEO social class background on strategic risk taking [J]. Academy of Management Journal, 2015 (58).

[177] Knights D, Mccabe D. Are there no limits to authority? TQM and organizational power [J]. Organization Studies, 1999, 20 (2): 197-224.

[178] Kogan N, Wallach M A. Risk taking: A study in cognition and personality. [J]. American Journal of Psychology, 1964, 78 (3): 57-60.

[179] Kor Y Y. Direct and interaction effects of top management team and board compositions on R&D investment strategy [J]. Strategic Management Journal, 2006, 27 (11): 1081-1099.

[180] Korkeamäki T, Liljeblom E, Pasternack D. CEO power and matching leverage preferences [J]. Journal of Corporate Finance, 2017 (45): 19-30.

[181] Kryzanowski L, Zhang H. The contrarian investment strategy does not work in canadian markets [J]. Journal of Financial & Quantitative Analysis, 1992, 27 (3): 383-395.

[182] Lewellen W G, Lease R C, Schlarbaum G G. Patterns of investment strategy

and behavior among individual investors [J]. Journal of Business, 1977, 50(3): 296–333.

[183] Lewellyn K B, Muller-Kahle M I. CEO power and risk taking: Evidence from the subprime lending industry [J]. Social Science Electronic Publishing, 2012, 20(3): 289–307.

[184] Li J, Tang Y I. CEO hubris and firm risk taking in China: the moderating role of managerial discretion [J]. Academy of Management Journal, 2010, 53(1): 45–68.

[185] Li M, Simerly R L. The moderating effect of environmental dynamism on the ownership and performance relationship [J]. Strategic Management Journal, 1998, 19(2): 169–179.

[186] Li T, Munir Q, Karim M R A. Nonlinear relationship between CEO power and capital structure: Evidence from China's listed SMEs [J]. International Review of Economics & Finance, 2017 (47): 1–21.

[187] Lim C Y, Wang J, Zeng C, et al. China's "Mercantilist" government subsidies, the cost of debt and firm performance [J]. Journal of Banking & Finance, 2018 (86): 37–52.

[188] Lim E N K, Mccann B T. Performance feedback and firm risk taking: The moderating effects of CEO and outside director stock options [J]. Organization Science, 2014, 25(1): 262–282.

[189] Liu Q, Luo J, Tian G G. Managerial professional connections versus political connections: Evidence from firms' access to informal financing resources [J]. Journal of Corporate Finance, 2016 (41): 179–200.

[190] Lorsch J, Young J. Pawns and potentates: The reality of America's corporate boards [J]. The Executive, 1990, 4(4): 85–87.

[191] Maccrimmon K R, Wehrung D A. Characteristics of risk taking executives [M]. Informs, 1990.

[192] Mace M L. Directors: Myth and reality [M]. Boston: Harvard Business School Press, 1971.

[193] Margaritis D, Psillaki M. Capital structure, equity ownership and firm

performance [J]. Journal of Banking & Finance, 2010, 34 (3): 621-632.

[194] Malmendier U, Tate G. CEO overconfidence and corporate investment [J]. Journal of Finance, 2005, 60 (6): 2661-2700.

[195] Mclean R D, Zhao M. The business cycle, investor sentiment, and costly external finance [J]. Journal of Finance, 2014, 69 (3): 1377-1409.

[196] Miller J S, Wiseman R M, Gomez-Mejia L R. The fit between CEO compensation design and firm risk [J]. Academy of Management Journal, 2002, 45 (4): 745-756.

[197] Minnick K, Rosenthal L. Stealth compensation: Do CEOs increase their pay by influencing dividend policy? [J]. Journal of Corporate Finance, 2010, 25 (2): 435-454.

[198] Mizruchi M S. Who controls whom? An examination of the relation between management and boards of directors in large American corporations [J]. Academy of Management Review, 1983, 8 (3): 426.

[199] Mizruchi M S, Stearns L B. A longitudinal study of the formation of interlocking directorates [J]. Administrative Science Quarterly, 1988, 33 (2): 194-210.

[200] Morse A, Nanda V, Seru A. Are incentive contracts rigged by powerful CEOs? [J]. Journal of Finance, 2011, 66 (5): 1779-1821.

[201] Muradoglu Y G. Using firm-level leverage as an investment strategy [J]. Journal of Forecasting, 2012, 31 (3): 260-279.

[202] Myers S C. Finance theory and financial strategy [M]. INFORMS, 1984.

[203] Nadkarni S, Chen J. Bridging Yesterday, today, and tomorrow: CEO temporal focus, environmental dynamism, and rate of new product introduction [J]. Academy of Management Journal, 2014, 57 (6): 1810-1833.

[204] Nakano M, Nguyen P. Board size and corporate risk taking: Further evidence from Japan[J]. Corporate Governance: An International Review, 2012, 20 (4): 369-387.

[205] Namvar E, Phillips B. Commonalities in investment strategy and the determinants of performance in mutual fund mergers [J]. Journal of Banking &

Finance, 2013, 37 (2): 625–635.

[206] Pan Y, Wang T Y, Weisbach M S. CEO investment cycles [J]. The Review of Financial Studies, 2016 (29): 2955–2999.

[207] Pathan S. Strong boards, CEO power and bank risk-taking [J]. Journal of Banking & Finance, 2009, 33 (7): 1340–1350.

[208] Pearce II J A, Zahra S A. The relative power of CEOs and boards of directors: Associations with corporate performance [J]. Strategic Management Journal, 1991, 12 (2): 135–153.

[209] Pfeffer J. Power in organizations [M]. Marshfield, MA: Pitman, 1981.

[210] Phares E J, Wilson K G, Klyver N W. Internal-external control and the attribution of blame under neutral and distractive conditions [J]. Journal of Personality & Social Psychology, 1971, 18 (3): 285–288.

[211] Ranti U O. The effects of board size and CEO duality on firms' capital structure: A study of selected listed firms in Nigeria [J]. Asian Economic & Financial Review, 2013, 3 (8): 1033–1043.

[212] Raven B H, Schwarzwald J, Koslowsky M. Conceptualizing and measuring a power/interaction model of interpersonal influence 1 [J]. Journal of Applied Social Psychology, 1998, 28 (4): 307–332.

[213] Reid G, Smith J. Investment strategy [J]. Financial Management, 2006: 27–28.

[214] Richardson S. Over-investment of free cash flow [J]. Review of Accounting Studies, 2006 (11): 159–189.

[215] Rutterford J M. Financial strategy: Adding stakeholder value [M]. John Wiley & Sons Ltd, 1998.

[216] Saaty T L. How to make a decision: The analytic hierarchy process [J]. European Journal of Operational Research, 1990, 48 (1): 9–26.

[217] Sandberg C M, Lewellen W G, Stanley K L. Financial strategy: Planning and managing the corporate leverage position [J]. Strategic Management Journal, 1987, 8 (1): 15–24.

[218] Sanders W G, Hambrick D C. Swinging for the fences: The effects of CEO stock

options on company risk taking and performance [J]. Academy of Management Journal, 2007, 50 (5): 1055-1078.

[219] Shapira Z. Risk Taking: A managerial perspective [M]. Russell Sage Foundation, 1995.

[220] Sharfman M P, Dean J W. Conceptualizing and measuring the organizational environment: A multidimensional approach. [J]. Journal of Management, 1991, 17 (4): 681-700.

[221] Sharma V. Independent directors and the propensity to pay dividends [J]. Journal of Corporate Finance, 2011, 17 (4): 1001-1015.

[222] Shivdasani A, Yermack D. CEO involvement in the selection of new board members: an empirical analysis [J]. Journal of Finance, 1999, 54 (5): 1829-1853.

[223] Singh J V. Performance, slack, and risk taking in organizational decision making. [J]. Academy of Management Journal, 1986, 29 (3): 562-585.

[224] Slater S F, Zwirlein T J. The structure of financial strategy: Patterns in financial decision making [J]. Managerial & Decision Economics, 1996, 17 (3): 253-266.

[225] Souder D, Simsek Z, Johnson S G. The differing effects of agent and founder CEOs on the firm's market expansion [J]. Strategic Management Journal, 2012, 33 (1): 23-41.

[226] Tajfel H., Turner J C. The social identity theory of intergroup behavior [J]. Political Psychology, 1986, 13 (3): 276-293.

[227] Tan M, Liu B. CEO's managerial power, board committee memberships and idiosyncratic volatility [J]. International Review of Financial Analysis, 2016 (48): 21-30.

[228] Tang Y, Li J, Liu Y. Does founder CEO status affect firm risk taking? [J]. Journal of Leadership & Organizational Studies, 2016, 23 (3): 322-334.

[229] Tarus D K, Ayabei E. Board composition and capital structure: Evidence from Kenya [J]. Management Research Review, 2016, 39 (9): 1056-1079.

[230] Tatiana F, Khimich N. R & D investment decisions of IPO firms and long-term

future performance [J]. Review of Accounting & Finance, 2018, 17 (1): 78–108.

[231] Tejada C. Longtime tandy director quits board, says he was punished for faulting CEO [N]. Wall Street Journal, 1997-1-17 (4).

[232] Thaler R H, Tversky A, Kahneman D, et al. The effect of myopia and loss aversion on risk taking: An experimental test. [J]. Quarterly Journal of Economics, 1997, 112 (2): 647–661.

[233] Tversky A, Kahneman D. Advances in prospect theory: Cumulative representation of uncertainty [J]. Journal of Risk & Uncertainty, 1992, 5 (4): 297–323.

[234] Van Essen M, Otten J, Carberry E J. Assessing managerial power theory: A meta-analytic approach to understanding the determinants of CEO compensation [J]. Journal of Management, 2015, 41 (1): 164–202.

[235] Ven A H V D, Poole M S. Explaining development and change in organizations [J]. Academy of Management Review, 1995, 20 (3): 510–540.

[236] Victoravich L M, Xu P, Buslepp W, et al. CEO power, equity incentives, and bank risk taking [J]. Banking and Finance Review, 2011, 3 (2), 105–120.

[237] Walter J E. Dividend policy: Its influence on the value of the enterprise [J]. Journal of Finance, 1963, 18 (2): 280–291.

[238] Walter J E. Financial strategies for managers: Techniques for success [M]. Wiley, 1990.

[239] Wang C J. Board size and firm risk-taking [J]. Review of Quantitative Finance & Accounting, 2012, 38 (4): 519–542.

[240] Weisbach M S. CEO turnover and the firm's investment decisions [J]. Journal of Financial Economics, 1995, 37 (2): 159–188.

[241] White L F. Executive compensation and dividend policy [J]. Journal of Corporate Finance, 1996, 2 (4): 335–358.

[242] Wholey D R, Brittain J. Characterizing environmental variation [J]. Academy of Management Journal, 1989, 32 (4): 867–882.

[243] Wright P, Ferris S P, Sarin A, et al. Impact of corporate insider, blockholder, and institutional equity ownership on firm risk taking [J]. Academy of Management Journal, 1996, 39 (2): 441–458.

[244] Yu P, Tam O K, Zhou J. Does corporate governance matter in the contractual Form of Fund Management Companies in China? [J]. Emerging Markets Finance & Trade, 2015, 51 (sup4): S89–S103.

[245] Zhu D H, Chen G. Narcissism, director selection, and risk-taking spending [J]. Strategic Management Journal, 2015, 36 (13): 2075–2098.

后　　记

本书是在博士毕业论文的基础上润色完成的，前后历经5年，见证了我从学生到教师身份的转变，也包含了我对专业知识的不断思考和总结。时光荏苒，每每回想博士在读期间的经历，都不由感叹这是一段艰辛又幸福的旅程。在这段旅程中，我迷茫过，失落过，也痛苦过。所幸，在师长亲友的关心爱护下，终得拨开云雾见月明。正是这段难忘的求学之旅以及至今仍陪伴在我身边的爱护让我在工作中能够不忘初心，砥砺前行。

值此付梓之际，谨以此书向所有关心支持我及本书撰写的师长、朋友表达最诚挚的谢意。

感谢我的硕博导师薛有志教授。薛老师团队成员之间的关系更像家人，而薛老师就是我们的大家长，总是给予我们最大的支持。每当遇到难以解决的问题，我便会第一时间去找他沟通，他也总是会根据我的具体情况给出一些切实可行的建议。随着跟随薛教授的时间渐长，对他早已没有了刚到团队时的距离感和敬畏感，更多的是亲切感，是如家人一般发自肺腑的关心，他和师母对我也是如自己的孩子一般疼爱。能够成为薛教授的学生，聆听他的教诲，得到他的爱护是我求学之路上最大的幸运。

感谢澳大利亚皇家墨尔本理工大学谭安杰教授在我赴澳大利亚联合培养时的关照。一年的时间里，谭老师不仅在学术研究上指导我，与我合作论文，也在生活中关心我的健康状况和饮食起居是否适应，让我在异国他乡感受到了温暖。谭老师对科研严谨的态度让我敬佩，国际化的视野、严谨的思辨、耐心的指导更是让我受益匪浅。此外，特别感谢谭教授带我领略澳洲美食，也谢谢他送我的创意小礼物。希望不久的将来能再次与谭教授相见，再次领略他的学术风采。

感谢周杰副教授对我学术研究的指导。周杰副教授也是薛教授的学生，

后　记

虽然已经任教多年，但我们仍喜欢称其为师兄。周师兄拥有丰硕的科研成果和卓越的科研能力，时常为我答疑解惑。在我眼中，周师兄亦师亦友。学术研究中，每每有问题去请教，周师兄总是耐心解答，还会举几个幽默的例子帮助我理解；生活中，每当我遇到问题或困惑也总是去叨扰，周师兄也总是不厌其烦地帮助我，开解我。我博士在读期间发表的论文大多得到了周师兄的悉心指导。在此，对周师兄表示衷心的感谢。

感谢南开大学商学院和中国公司治理研究院李维安老师、马连福老师、牛建波老师、崔勋老师、程新生老师、林润辉老师、周建老师、李建标老师、武立东老师、古志辉老师、黄福广老师、张耀伟老师等众多老师在我博士求学过程中的指导，你们的课程让我受益匪浅。此外，还要感谢张郁老师、吴语老师、木琳老师等商学院研究生工作办公室的老师们，感谢你们在学习和生活中给予我的帮助。

感谢同门吴超、尚志文、严子淳、刘鑫、王磊、赵洪瑞、马程程、李鑫、任鹏、吴倩、仝鑫、黄洋、刘媛媛等的帮助，每次讨论会上与你们的学术探讨都很有启发，和你们在一起的时光很开心，我会一直珍藏在记忆中。

此外，特别感谢中国民航大学经济与管理学院的领导许天牧书记、尹贻林院长、李国栋副院长、夏衍副书记和会计系同事孙新宪老师、励贺林老师、卫红老师、晁春余老师、邢有洪老师、卢丽娟老师、谢羽老师、郑海英老师、陈珩老师、吴中华老师、柯迪老师、马程程老师以及贺子聪老师的支持和帮助。经管学院是温暖的大家庭，会计系是有爱的小集体。感谢学校和学院为本书出版提供的大力支持，感谢系里同事为本书修改提出的宝贵意见。

最后，衷心感谢家人的支持。爸爸虽然沉默寡言，但是从您的言传身教中我懂得了责任担当，脚踏实地；妈妈乐观开朗，让我学到了积极地应对工作和生活中的困难；姥姥年纪大了，但还是很关心我的成长。总之，家里的每个人都对我的工作都十分支持，在此表达我发自内心的谢意，永远爱你们。

私以为科研之路，其难更甚于蜀道。愿每一位不畏艰辛，在此路上砥砺前行的学者都能坚定信念，不忘初心，无愧于这个时代，无愧于自己肩上的责任！

李小玉

2023 年 7 月于中国民航大学